歴史文化ライブラリー

135

東京都の誕生

藤野　敦

吉川弘文館

目次

東京をどう描くか――プロローグ

1　東京をどう描くか

「東京」を描いた書物はすでに山のように出版されている。あえて、また東京ということにこだわってみる意味は何だろうか。

「東京」は「江戸」が変化したものではない。現在の東京は、確かに市街の拡大によって生まれてきた大都市であろう。しかし、それは決して「江戸」が単に発達・拡大しているというわけではなく、のちの東京府、現在の東京都の地域に含まれることとなる周辺地域を中心に江戸時代以来の経済的・文化的なかかわりのなかで複雑な変容を生み、一体となり発達してきた過程が存在する。本書では都市と隣接地域の関連を中心に見据えながら、江戸時代から現代までの東京を描いてみたい。

また、常に連続している時のなかで一つの地域の歴史を語るとき、その画期・区分をどのように設定するかにはさまざまな解釈がある。時代区分は何に着目すべきかによっても大きく左右される。本書では以下のような画期をつくり、時代ごとの東京の姿をあらわしてみたい。

前史——徳川氏の江戸入府から幕府時代を通じて、江戸と周辺地域のかかわりが一つのつながりを生み出していった時代
第一の誕生——維新の軍事支配のもと、試行錯誤のなかで新たな支配体制にもとづきつつ首都およびその隣接直轄地として再編されていった時代
第二の誕生——廃藩置県によって新たに編成され、明治国家の安定とともに、国家の体面を示す首都として、全国の中心として近代的な都市へと姿を変えていった時代
第三の誕生——人口増加と市街地の拡大によって都市構造の再編を余儀なくされ、大戦景気、関東大震災を経てそれが加速化され、住居地とオフィス街が分離し地域の役割分担が生じていった時代
第四の誕生——戦災を経て地方自治法のもとで新たな東京を創り出し、産業効率化の追求と人の生活の場としての矛盾に向きあっていった時代

これらのさまざまな場面で、そこに生活する人々と行政がどのようなかかわりをもって時代のさまざまな問題に対処していったのか、葛藤のなかで歴史的なさまざまな要素をしっかりと受け継ぎつつ、まるで昆虫が羽化するように、地域にとっての新しい時代が始まっていく。来るべき「第五の誕生」をつくりあげるために、東京がこれまでたどってきた道筋を振り返ってみたいと思う。

江戸と近郊農村

前史

近世都市江戸の誕生

八朔——徳川氏の江戸入府

地下鉄の九段下駅を出て、交通量の多い靖国通りから少し入り込むと、目の前に高い石垣がそびえ、目の前には旧江戸城田安門が見える。さらにお堀沿いに進むと、少し小さな清水門が見える。これらの門をくぐると、かつて存在した「江戸城」を実感できる。清水門の前の半分土と草に埋まったスペースには、かつての輝きを持って訪ねる人を受け入れただろう石ぶきのなだらかな段差が見られる。坂道と石段を〝登城〟していくと、振り返れば眼下には道とビル、まさに「東京」が広がっている。かつては海が間近に迫っていたというが、その面影は探し出せない。

小田原攻めを終え、秀吉に関東転封を命じられた徳川家康が江戸に入ったのは天正十八

図1　旧江戸城清水門内より城内へ上る石段

年（一五九〇）八月一日のことと伝えられる。この「八月朔日」は「八朔《はっさく》」といわれ、幕府時代には、江戸の誕生を祝い家康の偉業をたたえるという儀式の日として定着していった。幕府公認の江戸の誕生日であった。江戸には、家康が入る前に、太田氏・北条氏の居城があった。しかし、入江、低湿地、台地が多くを占める海沿いのこの地の当時の状況は、家康の描く新たな領地経営の拠点のイメージとは大きなギャップがあった。以後、徳川氏による都市建設が始まった。低湿地の排水をかねて堀を作り、台地を削り、削り出した土で東部の入江や低湿地を埋め立て平地面積を拡大していった。今なお東京には日比谷をはじめ、「谷」という字が少なくない。当時の名残である。豊臣政権下、戦国の雰囲気がまだ色濃く存在するなかでの江戸の誕生であった。

それから十余年がたち、秀吉の死と関ヶ原の合戦での勝利をへて、家康は名実ともに権力者としての立場を築き上げた。慶長八年（一六〇三）、征夷大将軍に任ぜられた家康は、自らの居城・江戸に幕府を開いた。江戸は政治の中心都市へとその運命をはばたかせ、大きく変化をとげていった。

両国に国技館が戻って久しい。そのとなりには「江戸東京博物館」が建設され、江戸・東京に関する学問研究の芯としての立場以外に、この種の施設としては珍しく観光スポットとしてもにぎわいを見せている。ＪＲ両国駅から隅田川にそって国技館とは反対方向に進み、右手に両国橋を見ながら大きな通りを越えると、そこが回向院《えこういん》である。今では近代化されたビルとなったが、境内の中程に「義賊」ねずみ小僧次郎吉の墓がある。墓石は御利益を求める参拝者によって角という角が削られている。さまざまな御利益が伝えられるが、どこでどう転じたか、このお墓にお参りすると「お上」相手の勝負＝国公立大学受験には抜群の効力を発するという話も耳にする。筆者自身も受験ではその恩恵にあずかった。ここは力士の祈願場、また犬猫などの供養場としても有名であるが、何よりも江戸でたびたび起こった大火による犠牲者をまつった場所なのである。

町づくりリセット――明暦の大火と江戸の成長

明暦三年（一六五七）正月十八日未《ひつじ》の刻（午後二時ごろ）、本郷丸山本妙寺から火の手が上がった。「振り袖火事」の異名を持つ、明暦の大火である。強風で火はまたたく間に燃え広がり、湯島・神田・日本橋、さらには隅田川までも越え、江戸北部から南へ、東へと焼き尽くしていった。数万の人々が焼死、また追いつめられた人々は火から逃れるために

図2　回向院ねずみ小僧次郎吉の墓

海や川に飛び込み、凍死する大惨事となった。火は翌十九日未明におさまった。しかし、鎮火から数時間後、十九日の午前一〇時ごろ、昨日の火元の西側、小石川伝通院《こいしかわでんづういん》表門下の新鷹匠町から再度出火した。今度は江戸の西側を中心に南下し、江戸城本丸・二の丸・三の丸・天守にも延焼、駿河台・市谷見附・麹町・日比谷・新橋と、火は江戸西側を通るルートで芝に達した。火は翌二十日におさまったが、江戸は文字どおり灰燼に帰し、多数の犠牲者を出した。両国回向院に多くの犠牲者が葬られた。

この明暦の大火は、結果的に都市・江戸の景観のリセット・ボタンを押すこととなった。家康の江戸入府から六七年、その後江戸幕府が成立し、政治的な中心都市となってからすでに五〇年以上をへていた。江戸の置かれる立場も、一大名領国の中心都市から全国の政治的中心都市へと変わり、求められる機能も変化するなかで、この大火は江戸を生まれ変わらせるチャンスでもあった。幕府は都市計画に着手した。赤坂・牛込《うしごめ》・小石川などの沼地や溜池《ためいけ》の一部を焼けた土で埋め立て、寺社を郊外の浅草・築地・駒込に移転させ、さらに本所・深川などの隅田川の向かい側にも旗本屋敷や町屋《まちや》の開発をおこない、大名屋敷も江戸城の郭外へ移転されて周辺部には下屋敷《しもやしき》がつくられるなど、市街地の拡張がおこなわれた。また、幕府の諸制度確立のなかで江戸の姿も変化していった。三代目将軍家光の武家諸法度寛永令にもとづく参勤交代の制度化とともに諸国の大名の屋敷が築かれ、江戸へ滞在する各藩士の流入によって人口が急増し、総人口ではわずか一〇％前後の武士が、江戸では五〇％を占めるという特殊な人口形態が生まれた。非生産者である武士人口の増加は、江戸を巨大な消費都市へと変貌させていった。江戸での出費が支出全体の五〇％以上を占めている藩も少なくなく、そのような消費をまかなうために諸国から物資が江戸へ集まった。また商人もある者は大名につき従い、ある者はビジネスチャンスを求めて江戸に集まってきた。「天下の台所」商業都市・大坂の存在は依然大きかったものの、一方で江戸を中心とした流通網もしだいに生み出されていった。

これらの現象から江戸は、文化の吸収・構成・発信地としての地位も得た。各国の産物が商人を通じ、また藩士たちを通じて江戸にもたらされた。それらの混在する文化のなかから再構成された文化が生み出されていった。そして単身赴任の藩士たちは持て余す時間をつかって江戸近郊をめぐり、名所や名物を見聞き味わい、彼らが諸藩へ帰るときに江戸の土産物・土産話として地方に伝えられた。京よりも幅広く文化を吸収し、大坂よりも幅広い身分層へ文化を伝播する、文化の市場としての江戸が生まれたのである。

朱引・黒引──江戸の範囲

「江戸」とはどの地域を指すのか。一般的には江戸町奉行の支配する地域を「江戸」と理解されている。しかし、この町奉行支配地も、江戸初期の明暦の大火以前は江戸城外堀の内側の三〇〇町（のちに古町《こちょう》とよばれる）だったが、大火以後の十七世紀後半から十八世紀中ごろにかけて周辺部の市街地化がすすみ、正徳三年（一七一三）には九三三町となった。しかし、実際には、たとえば江戸府内で寺社の寄付を募ることを許可される場合の「江戸」の示す範囲や、犯罪者が「江戸払い」といわれた場合の「江戸」の範囲などは一致しているわけではなく、さまざまな「江戸」の概念が存在していた。このため幕府は統一見解として、文政元年（一八一八）に、図面に朱色で「御府内《ごふない》」の範囲を示すことにした。この決定により定められた範囲が「朱引内《しゅびきうち》」とよばれ、明治以後も一つの概念として使用されていく。一方、同時に町奉行所の支配地域も記入されたが、こちらは朱引より一回り小さく、図面に記された色から「黒引」といわれる。

江戸の行政組織と町

新宿にそびえるツインタワー。平成三年（一九九一）、東京都庁は丸の内からここへ移転した。現在（二〇〇一年）、東京都職員は一万二千余名、この新宿都庁を中心にさまざまな業務がおこなわれている。さらに各区役

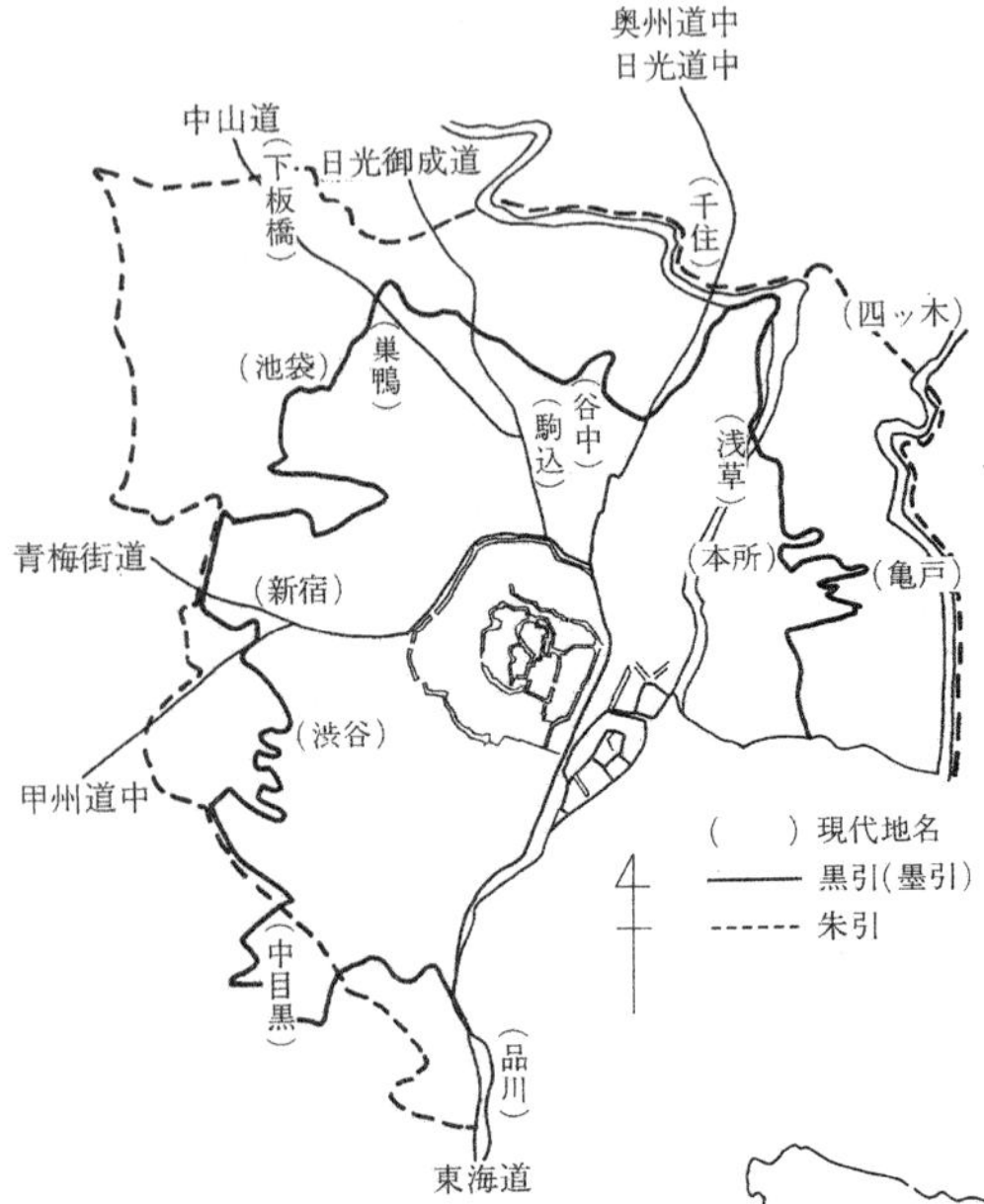

図3　江戸朱引図の朱引・墨引範囲

図4　明治（後期）東京概念図

所、市役所、町役場など行政組織をあわせると、近代の行政は日々非常に大きなエネルギーのもとで運営されているという現実を改めて認識する。現代と比較すると、江戸の町役人の人数の少なさに驚かされるとともに、それを補うべく当時の地域社会がになっていた自治的な機能の深さに複雑な思いにかられる。

先ほど「一般的に江戸とは町奉行の支配地と理解されている」と記した。しかし、それは必ずしも江戸の実態を示すのに正確ではない。そもそも江戸幕府の支配は、大別すれば武家地・寺社地・町人地と身分によって居住地域が分けられ、担当役所も異なっていた。武家地は、大名は老中・大目付の管轄下、旗本・御家人は若年寄・目付の管轄下におかれ、寺社地は寺社奉行、そして「町方」といわれる町人地は町奉行支配下となる。そして、町奉行支配下の町人地には、江戸の総人口の約五〇%の人々が生活していたといわれる。しかし、それは面積にして江戸のわずか一五%にすぎず、長屋といわれる集合住宅に住む者も多く、当然人口密度が高かった。この町人地は次のような仕組みで支配されていた。

〔町奉行所〕　江戸市中の行政（一般行政から警察機構・消防機構を含む）、裁判などを担当した。基本的に南町奉行所・北町奉行所に一名ずつ町奉行が置かれ、月ごとに当番で執務をおこなった。町奉行のもとで実際の行政を担当したのが与力・同心である。与力は南北各二五名、同心は各一〇〇〜一二〇名おかれ、犯罪者捜査・逮捕にあたって手先・目《め》明《あかし》・岡《おかっ》引《ぴき》などを私的に雇っていた。

次に町人の側からの町政組織を見ていこう。各町を統括する名主の任免や奉行所の布令の名主への伝達など、まさに奉行所と各町のつなぎ役、江戸町政のまとめ役であったのが、町年寄《まちどしより》だった。町年寄には、家康の江戸入りの時に町割をおこなった樽屋藤左衛門・奈良屋市右衛門・喜多村彦兵衛の三名が任命され、世襲、月番制で業務をおこなった。

町年寄の下で町政の実務をおこなったのが町名主《まちなぬし》である。町名主は江戸全体で約二五〇人前後おり、一人で平均六〜七町を支配した。

〔町〕一つ一つの町には木戸が設けられ、夜間や非常時にはこれを閉ざして治安の維持をはかった。木戸の脇には自身番《じしんばん》とよばれる小屋が設置され、ここで町政事務を交代でおこなっていたのが、地主から土地の管理を委託された家主《いえぬし》たちである。家主によってつくられる五人組から月番で月行事《がちぎようじ》が選ばれ、名主からの町触《まちぶれ》の町内への伝達から火の番・喧嘩口論の仲裁、捨子や行倒れの世話、キリシタンや浪人の取締りまでおこなった。

この町政の運営経費（町入用《まちにゆうよう》）は、土地を持っている地主が負担した。

町には土地を借りて自分で家を建てて住む地借《じがり》や、長屋や店舗などを借りて生活する店《たな》借《がり》などが多数生活していたが、彼らは町政に対して発言権は持たなかった。

江戸町人の共有財産——七分積金

江戸が東京と名を変えたころ、近代国家の象徴としてつくられていった銀座の煉瓦街——耐火構造、そしてヨーロッパ風の文明採入れのエピソードとしてあまりにも有名な話ではあるが、これらが江戸幕府による町政のうちで最も有名な施策、「七分積金《しちぶつみきん》」が利用され建設されたことはそう知られてはいない。七分積金の遺産は、維新直後の政府と東京府の関係に、またさらに後の東京市と郡部との関係にその利用をめぐって大きな影響を与える、莫大な資金として近代日本に引き継がれる。しかし、その資金のはじまりは、町人が経験した数々の飢饉に対する知恵であり、明日への備えであった事実を忘れてはならない。

近世の日本はたびたび冷害にみまわれ、飢饉の原因となった。気象学的にみても、このころの日本は基本的に小氷期（小さな氷河期）にあたり、低温となりやすい状況だった。天明三年（一七八三）、浅間山が大噴火をおこした。舞い上がった噴煙は地球を廻り、イギリス・ロンドンの夕焼けを異常に赤く染めるほどであった。吹き上げられた灰によって江戸は昼でも暗く、江戸川には被災地から流れてきた死体や材木が漂着し川岸を埋めていたという。さらに噴煙による日照時間の減少は冷害を生み、作物の被害は東北・北関東に

図5　愛宕山から見た幕末の江戸市街
(東京都写真美術館蔵，フェリックス・ベアト「幕末写真帖」より)

大飢饉をもたらした。こうして始まったのが天明の大飢饉である。

その後天明六年にかけて米価は高騰を続け、江戸庶民の台所をも圧迫していった。追打ちをかけるようにこの年の江戸は正月に大火、七月には大洪水と天災が相次いだ。

天明七年五月、江戸は激しい打ちこわしに見舞われた。天明の江戸打ちこわしである。この「お膝下」での騒動に、なかなか対策に腰を上げない幕府も事の切迫さを認識しないわけにはいかなかった。

第一〇代将軍家治《いえはる》の死去により、後ろ盾をなくした田沼意次《おきつぐ》一派は、この飢饉に対処しきれず、責任をとらされる形で免職となり、かわって白河藩主松平定信が老中に就任した。寛政の改革の開始である。定信は、旧里帰農令や石川島人足寄場《にんそくよせば》の設置などの下層民対策をはじめ、さまざまな都市政策を実施し、さらに寛政三年（一七九一）には、町入用を節約し、その節約分のうち七割を積み立てて、救恤《きゅうじゅつ》政策（貧民救済策など）に運用するという、「七分積金令」を発令した。この資金管理・運用のために向柳原《むこうやなぎはら》に町会所が設立され、そこに籾蔵《もみぐら》が建てられた。籾蔵は後に深川橋富町、神田筋違橋《すじかいばし》内、葛飾郡小菅《こすげ》村などにも追加された。そして、その管理・運営は勘定所と町奉行所の役人のもとで、江戸の町人たちによっておこなわれていった。

その後、七分積金はさまざまな役割を果たした。通常時は、病気などで一家の働き手の収入が見込めない者、または孤児・寡婦、心身に障害を持つ者などへの一定額支給の財源にされたほか、火災（文化三年の大火など）、水害（隅田川の氾濫など）、震災（安政二年の大地震など）、風災、疫病流行（安政五年のコレラ流行など）などの非常時には救済に用いられた。また、このような救恤政策だけでなく、米穀市場の需給調整や低利の不動産担保融資など、さまざまな公的な資金としての役割も果たした。その後、七分積金は「江戸町人共有の財産」として強く意識され、明治を迎え、この意識が後の行政区分に関しても大きな影響を与えることとなる。

江戸近郊の村々——多摩郡・葛飾郡・島嶼

多摩が迎えた江戸時代——八王子と徳川氏の支配

多摩は地形的にも東西南北それぞれに特徴があり、独自の歴史経緯もある。戦国期には、北条氏の本城である小田原城から支城の八王子城を中心とした支配体制がつくられていた。しかし、天正十八年(一五九〇)の八王子城の落城、北条氏の滅亡により新たな領主、徳川氏を迎えることとなり、この地域の行政官として代官頭・大久保長安が派遣された。大久保のもと関東十八代官を八王子に集住させ、甲州方面への入口である八王子を拠点にしながら支配体制を再編した。また軍事的にも武田家旧臣の小人頭《こびとがしら》九名が配置され、在郷武士団を編成し、のちに八王子千人同心として甲州口の守備と江戸防衛をになわせた。

また甲州道中の整備にともなって、高井戸《たかいど》宿（現杉並区）、上布田《かみふだ》宿（現調布市）をはじめ、八王子に向かう宿場町が発達していった。元禄十二年（一六九九）には、日本橋から高井戸宿までが遠いという理由で内藤《ないとう》新宿（現新宿区）が開設された。

また中野村（現中野区）の堀江家のように北条氏支配下で在地土豪として代官職を執行していた者、また四谷村（現府中市）の市川家のように北条氏滅亡以後、土着帰農した者などが、新しくつくられた近世の「村」で有力農民となり、中世来の家を継続していく者も少なくなかった。

潤う台地へ——玉川上水と武蔵野新田の開発

地図をのぞき込むと、五日市街道沿いに緑豊かなベルト地帯が見つけられる。復活した玉川上水の流れである。小金井市内にはいると春の桜のシーズンは見事な薄桃色のベルトにかわる。

江戸の西部に広がる武蔵野台地は、雨水にたよらなければ飲み水すらもおぼつかないとされる土地であった。このような台地上に恵みをもたらしたのが「用水」であった。特に現在の東京西部の中央を走る玉川上水は、近代に入っても東京の市域・区域をとわず、農業用水・上水道として豊かな恵みを与え、人々の命をはぐくんできた。この玉川上水が各時代でどのように重要視されてきたかは、後述する明治の後に多摩

図6　玉　川　上　水（三鷹付近）

地域が神奈川県から東京府に移管されるときの過程でも明らかである。

近年、清流復活が実現し、玉川上水の流れは地域住民の「オアシス」として戻ってきた。しかし、一方で現在（二〇〇一年）、道路拡張計画とともに一部を暗渠とし再び姿を消そうという計画が存在する。数々の歴史をつないできたこの上水の流れが、ぜひ次世代へ引き継がれていくように、と考える。

享保七年（一七二二）七月、江戸日本橋に、ある高札《こうさつ》が掲げられた。内容は「武蔵野地域の新田開発の請負人募集」である。享保改革の一策として有名な武蔵野新田の開発はこうしてスタートした。この計画は江戸町奉行・地方御用掛兼任の大岡忠相《ただすけ》とその配下のものによってすすめられた。この町奉行所の募集に対し、武蔵野台地の周辺地域を中心に、村・百姓のグループ、あるいは個人などさまざまな形での応募があった。翌年、町奉行所は、享保九年から十一年（西部地域は十年から十二年まで）までの間、鍬下年季《くわしたねんき》（開発地域には開発中ということで年貢を支払わなくてよい特例期間）を設定することなど、具体的な方針を発表し、開発が始められた。しかし、入植する農民（出百姓《でびやくしよう》）があまり集まらず、また台地の開発はとても困難であったため、幕府も農具料を与えたり、鍬下年季後も年貢を減額したりとさまざまな保護を加えた。そしてついに元文元年（一七三六）検地が実施され、多摩郡・新座《にいざ》郡・入間《いるま》郡・高麗《こま》郡に八二の新田が成立した。

しかし、武蔵野新田の百姓の生活はなかなか安定しなかったため、大岡忠相は押立《おしたて》村（現府中市）名主川崎平右衛門を「新田世話方」に登用した。平右衛門は用水整備などの公共事業をおこない、生活の成り立たない新田農民に副業としての収入を与えたり、「養料金並溜雑穀《ようりょうきんならびたまりざっこく》」制度という資金運営計画をつくり、農民に安い利子で肥料代・苗代として融通したりと、さまざまな保護政策を打ち出した。

武蔵野新田に対するこうした保護政策は明治にいたるまで続いていった。また、この地域では土地の特徴から水田は少なく、野菜や麦などが多くつくられた。それらは整備された街道を使って消費地江戸へ送られた。年貢の支払は現金で納めることが認められていたので、この収入が彼らの生活を支えていた。また江戸に近いこともあって、商家や武家屋敷の奉公に家族を上げる者も少なくなかった。

豊かな恵みの供給所――西多摩・島嶼

西多摩地域の山間部では、その豊かな恵みを利用した薪炭や建築用の木材、絹糸の生産地として江戸とも結びついていった。特に豊かな燃料資源と石灰岩の生産地が近かったことから、元禄期までに「八王子石灰」というブランドが生まれた。木材は多摩川に筏《いかだ》を浮かべて江戸へ送られ、炭や絹糸の生産・取引の起点として五日市や青梅《おうめ》などが発達していった。

江戸幕府直轄地とされた伊豆七島では、十八世紀にはいるとツバキ・ツゲなどの林産資源や鰹節などの海産物が特産物として生み出され、十八世紀末、幕府が島方会所《しまかたかいしょ》を江戸鉄砲洲《てっぽうず》に設置すると、消費地江戸との経済的な結びつきを強めた。一方、島々は幕府の流人配置の場としての負担も負っていたが、幕府の思想風俗の取締りの激しさとともに江戸文化の担い手が島に渡ることがたびたびとなり、文化的な結びつきも強めていった。

究極のリサイクルとブランド野菜——葛西地域と江戸

池に張り出した数多の桜の大木、青い空と青い池の向こうには際立つ紅が一点、弁財天が池に映り水面とともに揺れている。武蔵野市の井の頭公園の池の畔にはストリート・パフォーマンスの数々とそれを取り巻く人々、休日ともなると家族連れがお弁当を広げ、花見の季節などは身動きもできない。北部には吉祥寺の町が拡がり、さまざまな個性的な店が、公園の近くまで建ち並ぶ。井の頭池の東部のほとりから細い水の出口があり、池の水がこぼれている。これが神田上水の源流である。この池から流れ出た水は、やがて武蔵野を下り、江戸市中の地下に木樋によって供給され、井戸から汲み上げられていく。「清潔な町」とよく江戸は評価される。その名誉に大きな功績があったのは、これらの上

図７　神田上水の源流，井の頭池

水施設であった。また一方で排泄物の多くは、近郊農村の施肥に利用するため、商品としての価値を持って引き取られていった。消費地江戸の周囲には、江戸の排泄物を利用した野菜の産地が拡がっていた。

江戸の東側、葛西地域は大きな河川に挟まれた低湿地帯であった。この地は武蔵野新田とは対照的に「水のコントロール」が課題であった。関東郡代伊奈氏は、河川の治水・用水の掘削・溜池《ためいけ》の設置など、さまざまな土地改良をおこない、江戸中期から新田の開発が開始され、しだいに水田・畑作地域として開けていった。しかし、葛西地域の開発は、度重なる日照りと、河川の氾濫による水害の繰り返しとの戦いであった。やがてこの河川の存在が「水運」という形で、江戸への作物の大量輸送を可能にした。葛西地域では野菜や米などを江戸に供給し、「小松菜」「砂川ねぎ」など、土地の名前がブランドとなるような名物野菜を生み出していった。野菜を運んだ舟は、帰りは江戸の「下肥《しもごえ》」を積んで戻った。このように大都市江戸の排泄物は、近隣の農民らが肥料として購入することによって処理されていった。商品となって価値を生み出した下肥は不法投棄も防ぎ、近隣村と江戸の間でリサイクルが成立していたのである。

また、将軍家や御三家の御鷹場としての地域編成や、将軍への献上品の供給地としても、江戸城との直接的な関係も成立しており、江戸と近郊農村は複合的に関係を結びつつ一つの地域を作り上げていた。

江戸から東京へ

第一の誕生

アヘン戦争と帝国主義の渦

約一五〇年の時をへて――お台場と臨海副都心

新橋から高架を通って海沿いの東京を絶景の眺望とともに眺めることができる「ゆりかもめ号」。いまや東京を代表する名所となった「レインボー・ブリッジ」を渡る。海を渡るとそこは新名所・お台場エリア「パレットタウン」である。平日・休日をとわず、また昼夜をとわずさまざまな人々でにぎわい続ける。しかし数年前までここはごく静かな地であった。当時は鬱蒼と茂った公園の海辺に腰掛けて、東京が海を隔てて一望できた。かつて私たちの間では、この景色を「マンハッタンの夜景にも匹敵する！」とかなり誇張し表現していた。海の向こう側と対照的な時の流れを感じる「お台場」は、まさに「東京」を客観的に見る

図8　品 川 台 場 跡
残存するもののうち1つは，野鳥の楽園となっている．

ことのできる数少ない場であった。

二十世紀末から二十一世紀にかけて、「お台場」はさまざまな情報・文化の発信地として時代の最先端に再デビューを果たした。しかし、本当の「御台場」の建設は今をさかのぼることおよそ一五〇年前の幕末、そのとき品川台場は日本が帝国主義という世界システムに向かい合い、新たな時代の荒波へ繰り出すなかでの最前線基地として生まれたのであった。

アヘン戦争とペリー来航——台場建設と近郊農村

一八四〇年、清国とイギリスとの間で第一次アヘン戦争が開始された。状況の推移を随時耳にしていた幕府にとって、中国・インド・ビルマなどの、その後のアジア諸地域でのヨーロッパのアジア侵略情報とともに、大きな圧力としてのしかかっていった。これらの戦争やヨーロッパ諸国のアジア植民地化に関する情報は、幕府首脳のみならず市井の学者、豪農層など農村地域にまで伝わっていった。対外関係の変更は「薪水《しんすい》給与令」として天保の改革で実施されるが、日本の植民地化への危機感は幕府、庶民をとわず民族的な危機意識を急速に生み出していった。このような状況への対処をめぐって、以後国内は大きな変革を迎えることとなる。

嘉永六年（一八五三）、アメリカ東インド艦隊司令長官ペリーが琉球を経由して、四隻の船とともに江戸湾の入口である浦賀に来航した。旗艦サスケハナ号は二四五〇トン、当時の日本は最大の船でも二〇〇トン程度の時代である。人々は驚きと恐怖を感じる一方で、幕府の規制にもかかわらず見物に繰り出した。庶民のなかには、人混みをねらって黒船饅頭などの新たな名物を売り出すなど商魂たくましくこのパニックを迎えている者もいた。一方、幕府はペリーに対し久里浜で国書受取りの儀式をおこない、とりあえず帰国することを約束させたが、ペリーは江戸内湾に船を進め、威嚇行為を繰り返した。すでに黒船浦賀来航のニュースで持ちきりだった江戸市中に圧力をかけるには、この行為で十分であった。町奉行所は厳戒態勢を敷き、江戸市中も武具の高騰から米相場、諸物価一斉に高騰を続け、近郊へ避難する者も現われた。ペリーは翌年の再来を予告し再び琉球へ去っていった。

ペリー艦隊になすすべもなく江戸内湾に深く入り込まれた事実は、江戸の無防備さをさらけ出す結果となった。幕府はすぐに品川沖に一二ヵ所の砲台を建設することを決定し、着工に移った。この砲台設置のために品川沖に作られた埋立ての人工の小島が「品川台場（お台場）」である。翌七年（一八五四）四月に一・二・三番の砲台が完成した。ペリーが再来したのが七年正月、日米和親条約が締結されるのが三月であるから、まさにアメリカ艦隊を横目で見ながらの突貫工事であった。工事中は土砂運搬用の船が不足したため、広い範囲の村々に船の徴発を命じ、九月には多摩川流域の多摩郡の村々にも達しが渡った。徴発を命じる書状には「飛脚賃銭をつけて『夜昼にかかわらず』大至急連絡を次の村へ伝えるように」と但書《ただしがき》が付けられている。また工事に必要な俵なども同様に供出されていった（小金井市「鈴木英男家文書」）。まさに突貫工事である。日本の対外的危機はこのような余波として江戸のみならず近隣農村にも具体的な実感をともなって広がっていった。

台場は、十一月には五・六番、品川漁師町砲台が完成。以後は建設計画は途中で放棄された。この台場建設を皮切りに、江戸市中や隣接地では軍艦製造所、火薬製造所、武術訓練所などが次々と建設されていった。

現在も残る「台場」は、一つは海浜公園としてレインボー・ブリッジの先でにぎわいを見せ、一つは海の中に孤島として貴重な野鳥生息地となっている。幕末の最前線基地は、およそ一五〇年の時を越えた今、再び脚光を浴びている。

日本版シルクロードの成立――横浜開港と江戸・多摩

八王子に程近い鑓水《やりみず》という土地に「絹の道資料館」がある。そのすぐ近くに、車で過ぎると見落としてしまうほどの大きさで「絹の道」と刻まれた石碑がある。石碑から脇道にはいると少し薄暗くなった道が民家の脇を通り、突き当たりの神社までのわずかな間、坂道が続いている。旧道の跡である。この緩やかな坂道をしばらく登っていくと、いつの間にかアスファルトも消え三叉路《さんさろ》に出る。ここにも「絹の道」とはいった石碑がひっそりと建っていて、正面の小高い丘には神社がある。近くを通る一六号線の車の音と対照的に、往時をしのぶ風景と出会うことができる。幕末から近代への時代のなかで、八王子―横浜を結ぶこの道を通った絹が日本の産業を支えていったのである。

近世中期以降、幕府は上方からの一方的な供給に依存することなく安定した供給量を維持するために、関東で独立した商品生産・流通のシステムをつくることに努めてきた。その目的は、一つは軍事的側面からの必要性であり、もう一つは大消費地・江戸への都市政策の側面から安定供給をはかりインフレ抑制をおこなうことである。そのために運河を開設し流通路をつくる努力をし、また個々の品物では薪・炭・味噌・醤油・塩にいたるまで江戸近郊から調達するシステムをつくりあげてきた。

図9　絹　　の　　道（八王子鑓水付近）

しかし、安政の五ヵ国との修好通商条約の締結は、このような江戸を中心とした経済圏に大きな変化をもたらすこととなり、江戸を経由せずに輸出品が近郊農村から直接貿易港・横浜へと向かった。当時輸出品の主役は生糸で、万延元年（一八六〇）には輸出総額の三分の二を占め、さらに、二年後には八六％にまで達した。これらの莫大な輸出用の生糸は上州や甲州方面から八王子、町田などを経由し、横浜に流れていった。まさに「シルクロード」が出現したのであった。

一方、新たな流通経路の誕生は江戸に深刻な品不足をもたらし、江戸庶民の生活の日用品にいたるまで影響を与えた。急激なインフレは人々の生活を圧迫し、幕府は「五品江戸廻送令」によって江戸問屋を経由する流通経路の再建をはかるものの、市場統制力はすでに弱まっており、結果的には成果は十分に上がらなかった。

揺れる江戸――地震・維新

都市直下型震度七
――安政大地震

安政二年（一八五五）十月二日四ツごろ（午後一〇時ごろ）、江戸を中心に大地震が発生した。後に日本人実業家としてはじめてニューヨークに店を構え、現在のノリタケ・カンパニーをはじめとする数々の企業を設立する森村市左衛門も、当時十六歳でこの地震を経験した。彼が創始者となった森村学園の資料室に、後年この日の記憶を記した掛け軸が残っている。

安政二年十月二日大地震の際京橋五郎兵衛町に住居、同夜父と夜業中十時頃にわかに震、弟銀次郎および妹ふじと豊吉を床中より引き出し表へ飛び出て左右を見れば、全く家屋なし、八面火および、進退道を失い、鍛冶橋へひとまず両親・子供引き連れ難

図10　森村市左衛門掛け軸（森村学園資料室蔵）
安政大地震からの家業の復興を自らの原点として記している．

を避く。（後略）

震源地は荒川河口付近でマグニチュード六・九、直下型地震であった。下町地域では震度七と推定され、住宅密集地では家屋の倒壊とともに火事が発生、死者は江戸全体で一万人余り、後の関東大震災をしのぐほどの揺れだったと推測される。

森村市左衛門は前述の安政の地震当日の様子を示した文の記述のあとに、「この時無一物となり大災のために大なる奮発心を起こす」との一文を加え、さらに道端にむしろをしいてタバコ入れなどを売る自分の姿を描いたイラストをつけた一枚の掛け軸に仕立て、成功した後の自らと家族への日々の戒めとしていった。すべてを失ったこの地震を自分とその家族の原点として位置づけていったのである。

彼の一家のように住む家や財産を失った人々は、江戸市中で一〇万人を超えたといわれる。町奉行所、被害の少なかった地域の町人・武家・寺社が、それぞれ町人罹災者に対し救済活動を開始した。生活環境の破壊は黒船来航以上の直接的な危機感として庶民には意識されたであろう。

さらに翌年には大暴風雨が襲い、五年には黒船とともにやってきたといわれるコレラが大流行するなど、世相には暗い影が落ち始めていた。あわせて治安の悪化も急激にすすむなかで、これらの生活環境悪化に対する世論の非難は「貿易の開始」を元凶ととらえ、攘夷運動が活発化していった。

幕末の政局と戊辰戦争の開始

世田谷区に代官屋敷が残っている。従来、世田谷一帯は彦根藩領とされていた。ここを治める代官、大場家の屋敷がその貴重な資料とともに資料館として残されている。その膨大な資料のなかで特に目を引くのが一枚の紙に寸暇を惜しむような文字で書かれた「知らせ」である。その知らせが届いたのは、万延元年（一八六〇）三月、桃の節句の準備に忙しい時であった。大老井伊直弼《なおすけ》の暗殺、桜田門外の変を知らせるものであった。

経済の混乱、社会不安、治安悪化などさまざまな状況のなかで、庶民の怨嗟《えんさ》は幕府の開国政策に向けられていった。また、幕府内部においても将軍継嗣問題からの一橋派、南紀派の抗争があり、さらに、井伊直弼主導によって日米修好通商条約が天皇の勅許を得ないままで調印されたことに対し、批判勢力としての水戸の徳川斉昭《なりあき》らを中心とする親藩《しんぱん》・外《と》様《ざま》大名が大きく幕政への関与を始めていた。こうした状況の打開のために幕府大老井伊直弼は、安政の大獄を実施し、水戸の斉昭、徳川慶喜《よしのぶ》をはじめ批判勢力の中心的な大名を次々と蟄居謹慎《ちっきょきんしん》に処し、かつそれらの勢力の有力家臣層をはじめとして、何人もを死刑に処すなど、大弾圧を実施し非難の封じ込めをはかった。世に言う「安政の大獄」である。その報復として万延元年、水戸浪士らが登城する井伊を桜田門外で待ち伏せ殺害した桜田門外の変が起こった。幕府の最高職者暗殺事件は、これを契機に貿易を推進する幕府役人や貿易商へ次々と「天誅《てんちゅう》」と称したテロ、また外国人に対する殺傷事件である「異人斬り」などの事件を引き起こすこととなった。その後の幕末の政局は、公武合体など試行錯誤をへるなか、舞台を京都に移し、さらには薩摩・長州を中心とした倒幕勢力と慶喜を中心とした政権の権力奪取の争いへと向かっていく。

大政奉還

江戸では幕府を挑発する事件が相次いでいた。討幕側は戦闘状況のなかで武力による討幕に持ち込もうと、さまざまな画策をおこなっていた。政局の中心京都で朝廷工作をすすめるなか、ついに「討幕の密勅」を手にすることに成功した。しかし、その京都御所の目と鼻の先、二条城では、その同じ瞬間に、多くの人々の予想を超えた策略が徳川慶喜によって実行に移されていた。

慶応三年（一八六七）十月十四日、将軍徳川慶喜は京都二条城で「大政奉還」を宣言した。慶喜は大政奉還によって、薩摩・長州の討幕運動の大義名分を消滅し、手を封じるとともに、新しい政治体制として諸侯による上院・下院を設置して議会の議長として再び徳川氏が新しい体制内でも実権を握り続けることを期待していた。慶喜のシナリオは的中し、朝廷は翌日大政奉還の申し出を勅許、不意に政治を預けられた朝廷側はなすすべをもたず、結局、政局運営を慶喜に委任し、各地の諸侯を集めて、その後の政治体制を決定することとなった。

政治工作で完全に破れ展望を失った討幕側も体制を立て直し、王政復古の大号令、さらには小御所会議における慶喜の「辞官・納地」の決定により、慶喜のもくろみを封じ込めにかかった。さらに政治的に長期的な争いを続けることは、幕府および徳川慶喜にさらなる巻き返しの機会を与えることになるのを恐れた討幕派薩摩藩は、武力によって一挙に幕府消滅を図る作戦を展開し、西郷隆盛の命により江戸市中を荒らし幕府への挑発を繰り返した。ついに幕府は庄内藩を主力とする約二〇〇〇の軍を組織し、江戸の薩摩藩邸、佐土《さど》原《わら》藩邸を焼き払った。

このころあくまでも政治的勝利を画策する慶喜は、勢力挽回交渉を展開、朝廷内で辞官・納地を受諾する代わりに、新政権の議定に任命されることの内諾を得ることに成功していた。しかし江戸から薩摩藩邸焼き討の知らせが届くと、大坂に集結していた幕府軍の主力である桑名藩・会津藩などの士気はあがり、出兵を抑えることは難しい状況となっていた。そうしたなかで一月三日、朝廷は慶喜を「朝敵」とし、追討をおこなう旨を決定し、西国各藩を朝廷勢力に加え、これを打開するために大坂から京へ向かった幕府軍と、それを阻止する薩摩軍が、鳥羽・伏見で激突することとなった。戊辰《ぼしん》戦争が開始されたのである。鳥羽・伏見の戦いは新式の武器装備に身を固めて錦《にしき》の御旗《みはた》を持ち出した討幕軍に、数に勝っていた幕府軍が敗退、幕府は打開を見いだせない状況に追いつめられていた。一月六日夜、慶喜は会津藩主・松平容保《かたもり》、桑名藩主・松平定敬《さだあき》をつれて大坂を脱出、軍艦開陽に乗って江戸へ向かった。あとに残った老中格・松平（大河内）正質《まさただ》によって大坂の幕府軍は江戸あるいは自藩へ戻ることが伝えられ解散された。

こうして鳥羽・伏見の戦い以降、政局の中心は再び江戸へ戻っていった。新政府側は慶喜の官位剝奪・所領没収を決定、畿内以西をほぼ平定し、二月には東海・東山・北陸の三道の鎮撫《ちんぶし》使を先鋒総督兼鎮撫使として統合し、統率役として総裁・有栖川宮《ありすがわのみや》熾仁《たるひと》を任命し、徳川幕府の本拠地江戸へと向かう。この江戸討伐軍は薩摩を中心に編成され、長州・尾張・紀伊・熊本・佐賀・津・因幡・福井・岡山・土佐・彦根など、外様のみならず徳川家親藩や譜代藩の兵も従っていった。

一方、江戸に着いた慶喜は恭順の姿勢を示して上野寛永寺へ謹慎する。強行再戦論が叫ばれる幕府内で、恭順の姿勢をとることを支持したのが勝海舟と、後の東京府知事となる大久保忠寛《ただひろ》（一翁《いちおう》）だった。すでに幕府は統一的な作戦を展開して組織的に抵抗をおこなうことは難しい状況であった。また、軍の組織以前に民政面でも信州から上野、そして武蔵にいたる広範囲に大規模な世直し一揆が起こっており、関東の幕府勢力を結集することもままならない状況であった。

遷都・奠都——首都設定

東京都大田区に日蓮宗の大本山、池上本門寺《いけがみほんもんじ》という寺院がある。日蓮が息を引き取った場として、毎年十月の命日には盛大に「御会式《おえしき》」が開かれている。昭和のヒーロー力道山《りきどうざん》が眠る場所として有名であるが、江戸幕府にゆかりのある寺院としてもいくつかの旧跡を残している。戦災により多くを焼失してしまったが、五重塔は残り重要文化財に指定されており、現在は解体修復工事の最中である。数年前、この本門寺に展望台が建設された。これだけ高層建築化がすすんだ現代でも、この展望台からはかなり遠景が展望できる。かつて倒幕軍を率いて東海道を進撃してきた西郷隆盛は、多摩川を渡ってすぐの本門寺に陣を張った。西郷軍をはじめとする討幕軍の江戸侵攻を、江戸やその近郊の人々はどのよう

図11　池上本門寺梵鐘

正保4年，紀伊徳川頼宣夫人瑤林院寄進．徳川家にもゆかりのあるこの寺に一時西郷隆盛は江戸攻略軍の幕を張った．

に時代の移り変わりとして意識していったのだろうか。

敗走する近藤勇と甲陽鎮撫隊——地域有力農民の時代意識

江戸幕府の支配のなかで村内や地域での地位をつくりあげてきた名主たちにとって、幕府の瓦解は、まさに自身の存在にかかわる大問題であった。甲州街道沿いの上布田宿《かみふだ》（現調布市）の名主・原惣兵衛は、現在の調布市・世田谷区・狛江《こまえ》市・杉並区・武蔵野市・三鷹市・府中市にまたがる四四ヵ村を統括する惣代名主を勤めていた。彼はどのようにこの時代の変化を感じたのだろうか。

徳川家の直轄領は、慶応四年（一八六八）正月十日、「農商布告」によって新政権の直轄地とすることが宣言されていた。しかし、京・大坂から戻った幕臣たちは、いよいよ東に迫ってくる新政府軍をむかえうつために準備をすすめる。三月、新撰組の隊長・近藤勇《いさみ》は甲陽鎮撫隊《こうようちんぶたい》を率いて甲州街道を西へ向かった。近藤は上石原村（調布市）の農家の三男に生まれ、江戸市ヶ谷柳町の道場「試衛館」で研鑽を重ね、同門の小野路村（町田市）小島為政・日野宿の佐藤彦五郎らと意気投合して交友を重ねた。小島や佐藤はいずれも経済的にも恵まれ、文政改革のなかで設置された地域数十ヵ村を取り仕切る改革組合村の惣代名主であった。当時多摩地域には天然理心流《てんねんりしん》の道場が八王子・日野・府中・上石原など各地につくられており、佐幕的な意識が強い地域でもあった。この近藤勇が率いる甲陽鎮撫隊の出陣を甲州街道に沿った下布田村（調布市）でも多くの人が見送った。幕府より八王子に配置されていた千人隊（前述の八王子千人同心が再編された）の中からも、この甲陽鎮撫隊に加わるものがあり、さらに鶴川（現町田市）付近の豪農たちは応援隊を組織して、甲陽鎮撫隊のあとを追って出発した。このように多摩には幕末に豪農などを中心に農兵隊として組織された部隊が存在し、新政府軍に対して抵抗を示す勢力が散発的ながら存在していた。

しかし、出撃から五日後の六日、勝沼での決戦に敗れた甲陽鎮撫隊は散り散りとなって、甲州街道を江戸へと逃げ帰っていった。かわって十四日には新政府軍の東山道先鋒総督府参謀・乾《いぬい》（板垣《いたがき》）退助《たいすけ》が布田宿を通過して江戸へ向かっていった。甲州街道沿いの多摩の人々は幕府の崩壊、かわって江戸へ侵攻してくる維新政権勢力を、目の前を通過する双方の軍によって見せつけられる結果となり、時代の移り変わりを実感させられることとなる。

特に幕府直轄領で幕府のもと地域行政をになってきた豪農層にとって、この状況は自分たちの政治的なバック・ボーンの「崩壊」を意味することとして認識された。「ついにきてしまった……」これが実感であろう。下布田宿（調布市）名主で改革組合村総代も務めていた原惣兵衛は、この月に家督を息子の泰輔に譲り隠居してしまう。原惣兵衛に限ったことではない。惣兵衛と同様に地域の組合村惣代であった内藤新宿（新宿区）の名主・高松金八や青梅街道沿いの田無村（現西東京市）名主・下田範三もほぼ同時期に家督を譲り、「隠居」しているのである（「高松家文書」、「公用文例略記」）。しかし、これは失意のため職務を離れたというようなセンチメンタルな行動とは考えにくい。不安ながらも新しい時代に対応し、自分たちの地域での政治力をどう保持し生き残れるのか、その準備を始めたのである。実際にその後新政府は地域の支配のために彼らを必要とし、さらに旧組合村惣代役人らを民部省や大蔵省という新政府直轄地の支配役所の役人として取り立てていく。

着々とすすむ大坂遷都

王政復古の宣言以来、「都《みやこ》」の機能を担うさまざまな機関の多くは京都に設置されていた。政府内部でも新しい都をどこに定めるかについては京都説・大坂説など諸説が存在した。たとえば徳川慶喜《よしのぶ》は大坂への遷都を計画していたし、慶応四年（一八六八）一月には、敵対する立場にいた参与・大久保利通《としみち》も「浪華遷都《なにわせんと》」を建白している。大久保は新たな政治をおこなうために旧習の一掃を考えるとともに、外交、富国強兵、軍事面を考えあわせると「遷都の地は浪華に如《し》くべからず」と建白した。商業都市・大坂を都とすることは、新政府が財政的な基盤を手にすることにもなる。しかし大久保の遷都論は「京こそ唯一の都」という観念に固執する公卿の久我建通が「大坂遷都は（新政府の実権を握るための）薩摩の陰謀」と断じ、また松平慶永《よしなが》や山内容堂《やまうちようどう》も「時期尚早」とこれを退けたため、この時点では実現しなかった。しかし、大久保は大坂遷都をあきらめず、着々と遷都実現のプロジェクトを開始する。それは何度か大坂へ天皇の「行幸」を重ね、しだいになし崩し的に事実上の遷都をおこなっていこうという計画であった。大久保は、三月二十一日、大坂「行幸」を実行に移すとともに、太政官組織も臨時に大坂へ移動した。閏四月八日、天皇は京都へ戻るが、大久保は着々と大坂遷都への既成事実を積み重ねつつあった。

無血開城か江戸焦土か

一方、大坂遷都への動きが高まりつつあった慶応四年三月、江戸は都市としての存亡をかけた一大局面を迎えていた。現在の山手線《やまのて》田町駅の慶応大学の方へ向かう三田への出口からすぐ、第一京浜国道に面する交差点の右手に、三菱自動車のショールームがある。その脇に「西郷隆盛、勝海舟会見の地」と記した碑が建っている。オフィス街の中、見落とされてしまいがちだが、かつてここは海岸線がせまっており、薩摩藩邸が建っていた。

この三田の薩摩藩邸で、維新の政局、そして江戸の命運を決する会談がおこなわれていたのである。会見する旧幕府側の全権は勝海舟、新政府軍は西郷隆盛であった。すでにこの会談の前に、勝があらかじめ静岡まで派遣していた山岡鉄太郎と西郷の非公式の会談によって、同じテーブルにつくためのある程度の道筋は整えられていた。しかし新政府軍の士気を思う西郷としては安易に妥協できない案件が存在した。勝からは徳川慶喜の助命と水戸藩預けが要求されていたのだ。勝も、基本的に不利な状況のなかで、この交渉成立のために背水の陣を敷いていた。旧幕府側の要求が無視され、交渉決裂のうえ新政府軍の江戸総攻撃と状況が推移した場合を想定し、勝は江戸の火消しで鳶《とび》の大親分であった新門辰《しんもんたつ》五郎《ごろう》に命じ、ナポレオンの戦法をまねて、自ら江戸に火をつけて新政府軍と決戦をする準備をおこなっていたという。その際には船を結集させて、江戸庶民を房総方面へ避難させる計画など、かなり具体的な方策が練られたといわれている。もちろん、交渉を有利に展開するためのカードとしての案ではあるが、状況の推移によっては一〇〇万都市「江戸」は消滅の危機にさらされていたのである。

この会談の結果は、西郷が勝の要求を受け入れることによって幕府側も江戸城の引き渡しをおこない、この種の政変では稀なことながら、本拠地での武力抗争がない、俗に「江戸城の無血開城」と決していった。国内事情のみならずヨーロッパ勢力の進出による植民地化の危機などの国際情勢をも含めたさまざまな環境の中から生み出された選択であった。
このように、江戸はその都市基盤、経済的基盤を温存したまま新しい時代を迎えることとなった。もちろん東京という都市にとってこれは大きな幸運であったことはいうまでもないが、首都機能と経済機構を失うことなく政権交代がおこなわれたという点は、その後の日本の新国家建設のうえにおいても、きわめて重要な意味を持つこととなった。

江戸こそ都――前島密の江戸遷都論

江戸が直接の戦場となることなく開城がおこなわれ、市街もほぼそのまま新政府が手に入れることができるという見通しが明らかになってきたという事実は、首都の設定場所論争に大きな変化をもたらすこととなった。ここにいたって最有力候補地として江戸が急浮上することになった。同月、前島密《まえじまひそか》から大久保利通あてに「江戸遷都」の建白書《けんぱくしょ》が提出された。前島の建白書の中には江戸を首都とすべき理由として次のような主張が示されている。

①「帝都は帝国中央の地ならんを要す」　全国的視野からの地理的な観点――帝都は帝国の中央にあるべきだ。特に蝦夷地の開拓などを急いでおこなわなければならないので、その意味からも江戸の方が適している。

②「今は西（洋）式大艦の時となる」　港、水運の将来性の観点――浪華は水利面から

も非常に便利な地だといわれているが、これは和式の小舟を想定している。今は西洋式の大艦の時代だ。すると大坂は港をつくりなおす必要があり、さらに舟の修理場を新たに建設しなければならなくなったりと大変である。しかし、江戸は台場などを利用し、安全な港を簡単につくれるし、江戸湾入口には幕府の横須賀造船所もある。

③「浪華は……郊野広大ならず」　将来的な市街地拡大の可能性からの観点――浪華は市街の外の道路、また郊外が狭く、将来の大都市へ発展するときの可能性がない。それに比べて江戸は面積的な余裕がある。大都市を建設するのに必適の土地だ。

④「浪華の市街は狭少にして」　市街地の形状の観点――浪華の市街地の中は狭く、車馬や軍隊などの往来に適してない。これを改良するとなると大変な経費がかかる。その点江戸は工事の必要がない。

⑤「浪華に移さば……皆新築をなさざるべからず」　公共施設確保の観点――大坂に遷都すると御所・役所・邸宅から学校にいたるまですべて新築しなければならない。ところが江戸は諸藩の大名の屋敷をはじめとする武家屋敷があり、これを利用できる。皇居も江戸城を少し修復すれば間に合う。今は国費や民の労力を使うことは、特に慎重に考えなくてはいけない。

⑥「江戸は帝都とならざれば……東海の寒市とならん」　江戸の都市存続の観点――大坂は帝都とならなくても商業都市として存続するだろうが、江戸は帝都とならなかったら市民は離散して、「東海の寒市」となってしまう。国内の経済的側面や、世界にまでも知られているこの都市の未来は、国際的な面からも慎重に考えるべきである。いまだ東北は掌握できずにいる新政権にとって、江戸は全国平定の最前線基地でもあった。また、参勤交代制度が停止されて以来、大名は国元へ引き上げ、空き家となった大名屋敷が膨大な数にのぼっていた。当時新政府は幕府直轄領を引き継ぐことを表明したものの、実際の地方制度には十分手を付けられる状況ではなかった。つまり、この時点で新政府は経済的基盤をほとんど持っていなかったのである。したがって江戸の幕府の行政機構および施設を利用し、かつ新庁舎として大名屋敷をそのまま使用できることは、工事期間、費用などどの面をとっても魅力的であり、その後の政権の安定にかかわる重要なことがらであった。したがってこのような前島の指摘は説得力をもって政府内に受け入れられた。

西の京、東の京
――東西二京論

しかし、江戸への遷都はスムーズにはすすまなかった。「どこに新たな都ができるか」という議論もさることながら、関西の幅広い層を中心に「京都が都でなくなる」ということについてのさまざまな抵抗が沸き上がり、遷都論の進展を阻んでいた。

閏四月一日、肥前藩士大木喬任《たかとう》、江藤新平《しんぺい》から、この後の遷都問題に大きな示唆を与える建白書が提出された。「東西二京設置案」である。京都を「西の京」とし、同時に江戸を「東の京」とする案であった。京都の都としての地位を否定することなく、実質的には江戸への遷都を可能とするこの案は、疑う余地もなく妥協案的なものである。あわせて彼らは徳川将軍家については、江戸以外の別の城を与えて領地を移すことを建議するなど、その現実的な提案は後の政府方針に大きな影響を与えた。客観的な状況の変化のなかで江戸の都としての的確さを意識してきた大久保は、持論の大坂遷都論を取り下げ、同月、あえて京都の地位を奪うことを宣言しないですむ「二京設置案」を採用し、政府決定とした。

江戸警備は慶喜公に——江戸の治安と幕臣の登用

江戸開城後間もない慶応四年（一八六八）四月十日、東海道鎮撫総督府は江戸の府内に「旧幕府の役人等も積極的に用い、さらに幕府法についても『良法』を残し、『必ずしも変更をするということだけではない』」という布告をおこなった（『東京府史提要』）。翌十一日、東海道先鋒総督の橋本実梁《さねやな》が江戸城に入り、一方の徳川慶喜は謹慎していた上野寛永寺を出て江戸を離れ水戸へと向かった。十二日、大総督は一時的ではあるが、徳川御三卿の田安慶頼《よしより》に江戸城の竹橋門・清水門・田安門・半蔵門の警備を命じ（十五日には政府軍にかわる）、他の門は新政府軍で警備した。このように新政府軍は江戸開城以降も基本的には旧幕府の組織、人員を利用して江戸支配をおこなっていった。

四月二十一日、大総督有栖川宮熾仁《ありすがわのみやたるひと》が江戸城へ入り、新政府軍は江戸の民政に着手した。東海道先鋒総督の橋本は、暫定的に、江戸町奉行の石川利政・佐久間信義を「市中取締」に任じ、翌閏四月から五月一日までは「市中取締」を御三卿の田安慶頼・元幕府若年寄の大久保忠寛《ただひろ》（一翁《いちおう》）・元幕府陸軍総裁の勝義邦《よしくに》（安邦《やすくに》。海舟《かいしゅう》）へ交代を命じた。いずれも江戸の治安維持を、旧幕府出身で旧幕臣にも影響力のある人物らによって治めていくことをねらった人事であった。実際、この頃は徳川将軍家の処分は未決定のままであり、このことは、旧幕臣たちの心理・行動にも微妙な影響を与えていた。旧幕臣らが、新政府に組織だって抵抗を示すことは、まだ明言されていない徳川家の将来にマイナスの要因を与えるという点が強く意識され、さまざまな行動の抑止力となっていた。新政府の人事は、当時の幕臣らの意識を巧みに利用したものでもあった。

一方、勝海舟は表向き新政府と旧幕臣の橋渡し役を演じながらも、幕府へ親しんだ江戸の民情や幕臣の動向などを利用し、また新政権の人材不足の状況を逆手に取り、旧幕府勢力の復権を画策していた。実際に勝はこの時期、旧幕臣の登用をすすめるなかで、ついには新政府に対して「江戸の民情を抑えることのできる人物は前将軍の徳川慶喜しかいない」と進言しており、治安取締役の名目で徳川慶喜の政治の表舞台への復権を画策していたほどである。この計画は実現にはいたらなかったが、江戸城は開城されたものの、新政府の江戸支配は、いまだ非常に不安定な状況であったことを示している。

江戸の軍事支配——江戸府と江戸鎮台府

京都の新政府は閏四月二十七日、「政体書」を公布し、旧幕府直轄地には「県」を設置し、これによって地方の支配は「府・県・藩」の三治制となった。直轄地のなかでも京・大坂・江戸は「府」とされ、五月十一日に「江戸府」が設置された。しかしこの直前の五月三日には東北諸藩が反新政府の「奥羽越列藩同盟《おううえつれっぱんどうめい》」を結成しており、新政府にとって江戸府の設置は、これらの地域との戦いの軍事拠点としての性格を強く意識したものだった。また、江戸市中でも彰義隊《しょうぎたい》が上野寛永寺へ集結して新政府軍に抵抗を試みていた。五月十五日、大総督指令のもとに新政府軍による彰義隊への攻撃が開始され、わずか半日の戦闘の末に彰義隊は鎮圧され、戦いの中で近隣四十数町が焼失した。一方、多摩郡でも元彰義隊員の渋沢成一郎(喜作《きさく》)らが田無《たなし》に「振武軍《しんぶ》」を組織し、上野戦争に呼応しようとしていた。しかし、彰義隊の敗北を聞いて渋沢も飯能《はんのう》（埼玉県）にその根拠地を後退させてなおも対立姿勢を継続させたが、二十三日に制圧された。このように当時の江戸は新政府勢力の安定化を左右する軍事的最前線であった。まだ民政にとりかかる状況ではなかったのである。

戊辰《ぼしん》戦争の戦闘状況が続くなか、十一日の江戸府設置から間もない五月十九日、東山道大総督の有栖川が「江戸鎮台府」を設置し、自ら鎮台に着任し、軍政を施すこととなった。つまり、江戸府と江戸鎮台府という二つの別組織が相次いで江戸の支配機構として設置されたのである。どうして、このように複雑な重複した組織形態となったのだろうか。

この鎮台府の設置の意味は、鎮台府設置の経緯をたどってみるとその性格がわかってくる。内閣記録局『明治職官沿革表』によると、江戸鎮台府設置は五月十九日であるが、『東京府史提要』によると、「大総督ノ江戸鎮台ヲ置キ、自ラ庶政ヲ摂行シ」「（五月）十九日　大総督熾仁親王仮ニ鎮台ヲ置キ、自ラ其事ヲ摂ス……（六月）五日鎮台置カレ、大総督熾仁親王之ヲ摂官ス……」と示されており、また翌七日、八日には鎮台輔をはじめ判事・判事輔の人事移動が発令されている。したがって「五月十九日」の鎮台府設置は、まさに戊辰戦争最中の前線基地ともいえる江戸での「現場の判断」であり、臨時に設置されたものと考えられる。そして翌六月五日以後、京都の政府がそれを追認し、人事も再編されていくという過程をたどったのである。このように江戸には、「江戸府」という行政体と、「江戸鎮台府」という軍政支配機構が並立して存在するという状況におかれたのである。

また、旧幕府の三奉行所は廃止となるが、民政の実務に混乱を起こすことを避けるため、それまでの職務を引き続きおこなうことが命じられ、南北の町奉行所は南北の「市政裁判所」、寺社奉行所は「寺社裁判所」（後に社寺裁判所）、勘定奉行所は「民政裁判所」と改称し存続していった。

町奉行所は続く——市政裁判所と江戸の町政

江戸の民政を直接担当するのは、江戸町奉行所を改称した市政裁判所であった。南北の江戸町奉行所役人はそれぞれ与力二五人・同心一四〇人、南北合計三三〇人ほどいたが、健康上の理由によるか、あるいは新政府の「朝臣」となることをいさぎよしとしない若干の者以外は、引き続き市政裁判所に所属し、これまでどおり江戸の民政事務の業務をこなしていった。各裁判所は鎮台府の管轄下に統括されることとなり、南北の市政裁判所は月ごとの交代で町政を担当し、南裁判所がはじめに執務をおこなった。江戸の町名主にも二十一から二十二日にかけて「訴訟などの町方の事務は、これまで通りの方法を継続する」という布令が示された。

一方、「江戸府」は五月二十四日に、ようやく京都の太政官によって烏丸光徳《からすまるみつのり》が知府事に任命された。しかし、現実にはすでに「江戸鎮台府」が江戸城にあって軍事的支配をすめている。掌区分が明確でなかったために、江戸府は実質的には機能しなかった。

六月五日に鎮台府が再度正式に設置され、大総督有栖川のもとで、「鎮台輔」として江戸府知事の烏丸が任命され、八日に再度鎮台府の人事が示された。「江戸府」は名目上は存在するものの、実態は鎮台府に吸収される形になったと考えられる。このように維新直後の江戸では、軍政が民政機構を含む形で、東国支配の行政体として一体化していった。そして江戸時代以来の町奉行所が市政裁判所に引き継がれたように、江戸時代以来の行政組織・人員が引き続き機能し、民政の停滞を防いでいたのである。

東京奠都——「初期」東京府の誕生

政府は前島の建白や大木・江藤の建白に見られるように、しだいに江戸への遷都の方針を固めていった。その理由として、首都機能の問題、軍事面での効果などのメリットに加え、今後の全国支配のなかで東国では「公方《くぼう》（将軍）様」に比べて知名度の低かった天皇を、新しい国家のシンボルとして演出するという意図の面からも、江戸を首都として機能させることの意味が重く

図12　旧郡山藩邸に設置された東京府
（東京都公文書館蔵，『都史紀要6　市政裁判所始末』より）

感じられていた。

慶応四年（一八六八）七月十七日、「東西（の京を）同視する」という立場で、江戸は西の京に並ぶ「東京（東京）」と改称された。都を移す「遷都《せんと》」ではなく、従来の京都に加えて、もう一つ新しく都をつくるという「奠都《てんと》」として位置づけられたのである。

江戸を「東京」と改称すると同時に、新しい支配体制もつくられていった。このとき、江戸鎮台府は廃止となり、駿河以東一三ヵ国（現在の地域で示すならばおよそ関東地方・東北地方・山梨県、静岡県の東半分）を管轄する「鎮将府」が江戸城内（江戸城が東京城と改称されるのは十月）に設置された。鎮将府は広い地域に統一的な行政を実行することを任務とした。幕府時代のように各代官支配所によって独自の制度を採用することのないように、画一的な地方制度を広域で施行し、「府・県・藩」の三治体制を実施した。これまでの鎮台府は、軍事と民政が一体化した組織であったが、これより軍事は鎮将府から分離され、大総督の専門管轄となった。東京と改称された旧江戸の地域では、名目上のみ存在していた「江戸府」が廃止され、「東京府」が南北の市政裁判所の機能を吸収して成立した（後に述べるが、このとき成立した「東京府」は、明治四年（一八七一）の廃藩置県で一度廃止となる。その後あらためて設置された東京府と区別するために、本書では「初期」東京府と示す)。

初代東京府知事には、旧「江戸府」の知府事であった烏丸光徳が着任した。「初期」東京府は七月に発足したが、東京府設置とともに南北市政裁判所は廃止された。しかし暫定的に南北の市政裁判所を合併し、南裁判所内に統合して、九月の府庁開庁までの準備期間中は、とりあえず市政裁判所で執務をおこなうこととした。

そして九月二日、日比谷幸《さいわい》橋《ばし》門内（現在の内幸《うちさいわい》町）の旧郡山藩柳沢甲斐守邸を修築し、東京府庁舎を開庁させた。組織は太政官より「京都府の職制に準ずること」という方針が示され、市街地を担当する「市政局」と、郷村部を担当する「郡政局」に二分された。

この「初期」東京府には、近世以来の錯綜した支配地をどのように整理していくかという課題、立法権・行政権の所属も錯綜していた旧幕府来の慣習を整理するという課題、町・村の組織をどのように組み立てていくかという課題など、大きな問題が存在していた。

京都の抵抗と事実上の遷都

このように、着々と東京府が設置されていったが、「東京」府設置は当事者の旧江戸庶民よりもむしろ、京都で大きな反応を生むこととなる。新政府の財政的な拠りどころは当時、京・大阪の西国の商人たちであった。江戸遷都は、当然地元への首都の設置を期待する彼らの要望に反するものであり、大きな反対が予想された。当時の認識として、天皇のいる場所＝都というのが一般的であったため、特に京都の公家・町人にとって、遷都問題は自分たちのアイデンティティーにかかわる大問題であった。

明治元年（一八六八）十月、明治天皇は東京へ「行幸」した。しかし、京都からは遷都を危惧する声が高まり、政府内部でも、すぐに天皇が京都へ帰ることが検討された。このとき、天皇の京都帰還に反対したのが三条実美《さねとみ》であった。三条は「国家の興廃は関東の人心にかかっている。今すぐに京都に戻るならば関東の人心を失うだろう。現状を考えれば京摂の盛衰は東京の盛衰であり、東京の盛衰は日本全国の盛衰興廃になる。たとえ京摂を失っても東京を失わなければ天下を失うことはない」「遷都を決断するときに、かつての都の民情が悦ばないのは、歴史からも明らかなことである。今一時の情に流されて、（遷都という）英断をふるうことをやめたら、遠大な事業などできるものではない」と、関西の民情を振り切ってでも東京遷都を強行すべきであると主張していた。しかし、政府は京都・大阪に予想される混乱をなるべく避けることを優先的に考え、十二月に明治天皇を京都へ「還幸《かんこう》」することとした。

翌二年、天皇は再び東京へ向かうことが決定した。これに先立ち、二月二十四日、京都におかれていた太政官は東京に移されることが決定していた。一般的にはこのことが行政機能の東京への移転であり、事実上の遷都と考えられているが、表向きにはあくまでも「天皇東幸中の臨時措置」であり、京都には「留守官」が置かれ、「畿内ならびに山陽・山陰・南海・四海の諸道、東海道は伊勢まで、東山道は美濃・飛驒まで」の社寺関係の「願・伺」は京都で従来どおり受け付けた。

しかし、天皇の再幸が発表されると、京都の町には「これは遷都の前段階」という噂が流れて騒然とし、政府も見解を示さなければ済まされない状況に追いつめられた。政府は出発にさいして「今度の東京再幸についてさまざまな私見で遷都説を流して人心を乱すものがいると聞くが、そのようなことはない」と声明を発表した（「三条実美文書」）。一方、「二条城詰」の三和司馬太ら八名は「この時期に再幸をおこなうとは、遷都の下心があると疑わざるを得ない」と再幸に反対を示していた（「明治二年三月　奉建言」）。このように京都で公家・武士・町人をとわず、再幸によって遷都が実行されるのではないかという疑いが渦巻くなか、明治天皇は京都を出発し、三月二十八日に東京に到着した。さらに九月に中宮が東京へ「行啓《ぎょうけい》」することが発表されると、京都の人々の遷都の「疑い」は「確信」へと変わり、京都の町民が中宮の東京行きを阻止するために、御所へ直接抗議をおこなうという事件にまで発展した（京都府立総合資料館所蔵「府史」別部総類）。京都府は騒動を収めるために九月二十九日、府庁で、留守長官・留守判官、府の知事・大参事・権《ごん》大参事・権小参事・大属《だいさかん》、兵部大丞《ひょうぶだいじょう》・権大丞、弾正台忠《だんじょうだいのちゅう》、大巡察など、京都に残った行政官が総出のなかで町内各番組名主を集め、「来年（明治三年）中に（天皇は）還幸《かんこう》（帰京）のうえ、大嘗会《だいじょうえ》をおこなうということが決定した。つまり（今回の東京行きによる）遷都の予定はない」と表明し、騒動のないように「循黙令《じゅんもくれい》」を発して、京の町の沈静化に務めた。

それから半年が過ぎた明治三年（一八七〇）三月、京都府下に政府の通達が伝えられた。「今年、（京都へ）還幸し大嘗会を実施する予定であったが、①東北の平定がいまだに行き届かず、②加えて東北を中心に深刻な凶作となったため、還幸は延期とした」。

この通達によって前年の約束は破棄されたのである。天皇が京都へ「還幸」することはなかった。東京・京都とに分割されていた太政官もしだいに行政に支障を来すようになったため、コンセンサスをとろうと隔月で京都の役人を東京へ出張させることになったが、ほどなく京都の太政官留守官は廃止され、行政組織もすべて東京へと移動を完了した。

このように、遷都問題は畿内の治安悪化をも招くようなデリケートな問題であり、東で旧幕勢力と向かい合う新政権にとって足下をすくわれるような重大な懸念であった。そのために「二京設置」として、少しずつ首都としての機能を移転させていったのである。

事実上の遷都がすすめられるなかで、たとえば和菓子の「虎屋」などのように京都で朝廷とのつながりを持った商人・職人、さらに新政府のスポンサー的役割を持っていた大きな商人らも、しだいに東京への進出をはかっていった。

代官支配地から政府直轄地へ──江戸隣接地域の維新

代官支配地、武蔵県となる

鳥羽伏見の戦いに勝利した直後の慶応四年（一八六八）正月十日、新政府は京都で「農商布告」を発令し、幕府直轄領は新政権の直轄地とすることを宣言した。江戸周辺の農村地域は勘定奉行所管轄下の関東代官の支配下にあった。慶応三年（一八六七）当時、関東代官は八名おり、そのうち三名が馬喰《ばくろ》町《ちょう》の代官屋敷を役宅としていた。彼らが交代で支配地を担当し、あるときは複数の代官による「立会」支配、あるときは一名の単独支配がおこなわれていた。代官は実務の利便から、それぞれの支配地に近い品川や小菅などに手代を常駐させる出先機関を設置した。閏四月二十一日、政府は「政体書」を発布して「府藩県」の「三治制」実施を宣言した。

旧幕府直轄領や旗本知行地には府や県を設置することとした。五月十九日、旧幕府勘定奉行所は、町奉行所・寺社奉行所と同様に江戸鎮台府の管轄下に入り、名称を「民政裁判所」とあらためられた。といっても、この民政裁判所のもとで旧代官支配地の民政を担当したのは旧関東代官であり、彼らの支配地は「武蔵県」とよばれるようになった。六月十九日、元忍《おし》藩士で、江戸府鎮台の権判事を勤めていた山田政則（一太夫）が武蔵知県事に就任した。あわせて二十日には元関東代官の松村長為（忠四郎）、七月十日には元旗本の桑山效（圭介）らが武蔵知県事に就任した。三名の武蔵知県事は旧幕時代と同様、馬喰町の旧代官所を役所としていた。しかし「武蔵県」とは、前述した「江戸府」と同じように実際の行政体として機能していたわけではなかった。その後武蔵県は山田・桑山・松村それぞれの担当地で分割され、山田が葛飾郡など江戸の北東側の隣接地域を、松村が豊島《としま》郡・多摩郡・橘樹《たちばな》郡・久良岐《くらき》郡・都筑《つづき》郡・埼玉《さきたま》郡・高麗《こま》郡・入間《いるま》郡・大里《おおさと》郡・新座《にいくら》郡・幡羅《はら》郡など江戸の南西側の隣接地を、桑山は豊島郡・足立郡・埼玉郡など江戸の北西側の隣接地域を管轄し、担当者名を乗せて「松村忠四郎役所」などとよばれるようになった。

品川県・小菅県・大宮県への分割

明治元年（一八六八）八月八日、武蔵知県事・松村長為が肥前藩士の古賀定雄に交代したのを皮切りに、十二月二十三日に桑山が宮津藩士の河瀬秀治、翌明治二年一月十日には山田も元弁事出仕の宮原中務にと、武蔵知県事三名はいずれも交代となった。武蔵県の三名の知県事は、相変わらずかつての代官と同様に江戸馬喰町の代官所で執務をおこなっていたが、それぞれの県で独立した役所を建設することとなり、それとともに支配所もそれぞれ県として独立し、武蔵県は三分割されていった。明治二年一月十日、河瀬は小菅《こすげ》（現葛飾区）に県庁建設を決定し「小菅県」を開設、二十七日には宮原支配地は大宮に県庁建設を決定し「大宮県」と、そして古賀支配地は二月九日県庁を日本橋浜町に置いて「品川県」となった（品川県は明治四年に品川東海寺の本堂を県庁にするために修繕をすすめるが、大風によって建設中に倒壊し、再建が完成しないうちに廃県となる〔『大田区史資料編』「東海寺文書」〕）。このように旧代官支配地は明治政府の直轄県として、それぞれ県庁を設置した場所の名を冠した県名となり東京府を囲む形で成立していった。

一方、多摩南西部の韮山《にらやま》代官江川太郎左衛門支配地には、元年六月「韮山県」が成立し、江川がそのまま知事となっていった。

下肥不足と凶作——東京の人口減と近郊農村

江戸一〇〇万といわれた人口の半数は武士であり、その面積の多くを占めていたのが大名屋敷であった。明治に入り、江戸・東京の人口は一時急減した。混乱から避難する者も少なくなかったが、特に諸藩の武士が国元に戻ってしまったことが大きな要因である。非生産者である武士の急減は、江戸全体の消費量の激減をもたらした。これは、江戸に生産物を販売して生活を成り立たせてきた近隣の農村にも大きな影響を与えた。

販売量の問題だけではなかった。明治四年（一八七一）三月、小菅県下の葛飾郡新堀村の孫兵衛らは次のような訴えをおこなっている。「小菅県に限らず近隣の村々は、昔から東京市中の下糞を田畑の肥料にしてきているのですが、近年東京の人口が激減し、下肥が手に入りにくくなっています」。そこで孫兵衛ら村人は肥料を確保するために、ある者は田を質入れしたり、ある者は借金をしたりしながら「仕切り金」をつくって、これまで、いつも下肥を買いに行った町の家主にそれを前払いで支払い、向こう三年から五年、あるいはそれ以上の下肥の買付けの権利を確保した。ところが、東京府の制度改革によって、「家主」という役割はなくなり、前払い金は宙に浮くし、下肥は相変わらず手に入りにくいしというせっぱ詰まった状況に陥ってしまった（東京都公文書館、『順立帳』）。

このように江戸の町の荒廃は、近隣農村の下肥肥料高騰をもたらし、農家の経営を圧迫していった。

一方、品川県下の武蔵野新田が広がる北多摩地域でも、生産を維持するためにさまざまな金肥が使用されていて、下肥以外にも「糠《ぬか》」が多く使用されていた。これらは江戸の肥料商人などから購入するのだが、やはり幕末から明治にかわるころに糠の値段が高くなり、新田の経営を圧迫していた。このために幕末の多摩地域では、江戸の問屋を通さずに直接農民が尾張藩と交渉をおこない、糠を尾張藩の荷物と装い密かに購入するなど、安い「尾州糠」を仕入れる努力がなされた。

明治二年の凶作と政府直轄地

前述のように、多摩や葛西などの江戸に隣接する旧代官の支配地は幕府が倒れた後、そのまま新政府の直轄地となった。この政府直轄地をどのように支配していくかということは、新政府にとっては対外的にも、国内に統一政権としての確たる信頼を得るためにも、一つのモデルとして注目を集めることとなる。

当時の新政府内部の直轄地に対する見方は、「脆弱な新政府の財政基盤の場」という意識と、「仁政を実施し、政府に正義の存在を示すショウウインドウとして」という意識の、二つの相反する立場をとる人々が混在していた。実際に明治初年、東北での奥羽越列藩同盟の抵抗が収まらない状況下で、政権基盤も不安定な新政府にとっては、戊辰戦争の遂行や新政権づくりに必要な膨大な費用の調達が緊急かつ最も重要な懸案であった。しかし一方で、幕末から頻発している世直し一揆を静めるために、農民らの民心を獲得するための政策実施を間違えれば、それは政権自体を危うくするほどの圧力になりかねない状況であった。この時期の直轄地支配は、方針を誤ればそれは政府の崩壊の危機に直結する大きな課題であった。

当時、政府部内で地方行政を主導していたのは「民部官」であった。明治元年（一八六八）閏四月、内国事務局から地方支配を引き継いだのが会計官（後の大蔵省）民政司であった。ここに会計（財政）面からの地方支配という形態が成立、つまり地方行政を財政収入源として強くとらえた支配体制が成立する。しかし、大久保利通は国家財政への意識を強くするなかで地方支配がすすめられることを「会計と府と錯雑の憂いありといえども、一つにするの理あるべからず」と非難し、これらの分離を求めた。元年十二月、関東、東北の政府直轄地支配の管轄が行政官へ移管、さらに大久保利通、広沢真臣《さねおみ》らの主張によって、翌二年四月には「民部官」が設置され、民部行政が会計と完全に分離される。広沢らの地方支配に対する意識は「民心未定に租税を議すれば、すなわち疑惑を生ず」というものであった。民部官は府県会議（府県知事、藩事が参加する会議）を開催し、「新県規則」「県職制」などを討議するなど、地方行政制度確立をすすめていく。

しかし、明治二年（一八六九）を迎えると財政難が深刻な様相を見せてくることから、会計官僚の大隈重信《おおくましげのぶ》、伊藤博文《ひろぶみ》らが中心に財政正常化、財源確保を急務として主張し、これに由利公正《ゆりきみまさ》、江藤新平《しんぺい》、井上馨《かおる》、山口尚芳《なおよし》などが賛同し、民部官廃止を主張する。広沢らの反発によって民部官は廃止を免れ、民部省となり存続した。しかし、このときに大久保や広沢が参議に昇格したために民部行政から離れ、大蔵大輔《たいふ》を兼任する大隈重信が民部省の実権を手中に収める。そして、翌月、大蔵省と民部省は合併し、「民部大蔵省」となる。大隈が民部大輔に就任する前、広沢によって原案が策定された一つの制度があった。大隈はこの制度も就任と同時に中央集権的色彩の濃いものに修正し、制定した。これが「府県奉職規則」であった。

この地方支配の方針として定められ各知事らに示された「府県奉職規則」の原則は「国家財政に負担をかけない地方行政」という方針であった。特に収入を不安定にさせる要因として認識されたのが、凶災時における年貢の減免であり、凶作が続く明治初年、新政府は極端な財政難のなかでこれらの救済策を立てなければならない状況にあった。そのために「府県奉職規則」では「国家財政に負担をかけない救恤《きゅうじゅつ》制度（凶災対策）を策定すること」を各県の責務として示したのであった。

しかし、当然ながら国家税収を減少させることなく新たな救恤制度を各地方行政体に策定させることは、県財政、および県民にさらに負担をかけることになる。折り悪しく明治二年は全国的に大凶作の時期に当たり、これらの負担増は増税と同じ意味を持って受け取られた。その結果、民衆騒動の勃発を招く恐れがあることを指摘した白河県・伊那県・堺県・胆沢《いざわ》県・酒田県・日田《ひた》県など全国の直轄県の地方官から民部大蔵省に対して批判が相次いだ。当時、日田県知事であった松方正義《まつかたまさよし》は「民部大蔵（省）は旧幕（江戸幕府）にもなかったような税金を近ごろ続けて発令している」（「大久保利通文書」）と述べていた。このような非難のなかで、あらためて民部省と大蔵省の分離問題が政府の課題として浮上し、民生面重視を主張する薩摩藩閥《はんばつ》と、大隈に代表される財政的側面優先を主張する長州・佐賀藩閥との藩閥的な政争にまで発展していった（民部省・大蔵省分離統合問題）。

現在の東京都地域は大部分が政府直轄地であった。そして東京近辺の地方行政を主導する立場として、江戸府・東京府には佐賀藩出身の大木・江藤らが、さらには東京府に隣接する地域の大部分を占めていた品川県知事には、同じく佐賀藩閥で大木・江藤と幕末から行動を共にしていた古賀一平が任命された。彼らは佐賀藩閥として大隈重信主導の国家財政収入基盤としての側面を優先する直轄地県政の地方支配を現場で実践していったのである。

江戸時代の特権は認めない——佐賀藩閥と品川県政

品川県は、現在の東京二三区では練馬・新宿・中野・杉並・渋谷・世田谷・目黒・大田・品川の各区、市部では武蔵野・三鷹・保谷・府中・国分寺各市、神奈川の川崎市・横浜市など、さらに埼玉県所沢周辺にわたるこれらの地域を中心に、およそ四百余村、総高七万余石の地域を管轄した（多摩郡境新田名主平野家所蔵「品川県管轄村名控」、品川区史資料編別冊第一『品川県史料』所収）。

当初、品川県では、治安維持機構の整備に着手し、文政改革時に設置された旧寄場《よせば》組合をもとに探索捕亡人《ほぼうにん》が設置された。しかし、近隣諸県との管轄地の整理がすすむなかで新たに県内に二四番までの「番組」を置き、旧寄場組合惣代名主らを「御用取扱」として任命、地域行政の責任者と位置づけた。さらに地域の旧寄場組合惣代名主らなど地方の行政に通じるものなどを県の勧農方役人として取り立てていった。また、旧惣代名主のなかには県にとどまらず、民部省など国の役人として取り立てられていった者も多数存在した。このように明治初期の地方・地域の行政は江戸時代以来の政治的ノウハウを持つ有力な農民らが積極的に取り入れられていった。

品川県が農村の再生産維持のための政策としておこなったのは以下のようなものであった。一つは窮民授産を目的とした「生産運動金制度」、二つめは肥料融通をおこなう豪農らの経営を県が援助し、県下の肥料不足状況の緩和の推進をおこなう「肥物会所」（農民への肥料融通会社）の設置、三つめは凶作、飢饉などの準備策としての社倉《しゃそう》政策の実施である。

一つめに示した県の補助金である生産運動金の対象事業や、二つめの肥料融通会社の多くは県下の豪農が経営し県が融資をおこなっていた（藤野、一九九七）。三つめの社倉政策は近世以来のその土地の状況に応じた対処や制度、土地状況による税率の緩和などの既得権を否定し、県が県下一律基準で社倉金の徴収を実施し、さらにこれまでは徴収された飢饉対策の穀物は各村に保管されていたが、今後は県が一括して徴収した基金の管理をおこなう方針が示された。また各村内の一軒一軒に割り当てられる負担額については、一軒あたりの持高が五石以上の者は、一石につき米二升、五石所持以下の者は「上・中・下」の三等に分ける軒割《のきわり》とした。そして「上」とされた家は一軒について四升、「中」が三升、「下」が一升五合の穀代納とすることを定めた。県はこのような基準で県全域から、計画では明治二年から六年までの五年間社倉金を徴収し、その社倉金で米を購入し、大井村の倉庫へ集め保管することとし、管理も県が一括しておこなうこととした。

この制度を強力に押しすすめたのが品川県知事古賀定雄（一平）であった。古賀は長崎裁判所所属の日田御用掛から明治元年（一八六八）六月、鎮台府所属で北関東軍事支配機構として存在した下総野鎮撫府（栃木県小山《おやま》に設置）所属となり、鎮撫府廃止後の同年八月八日に武蔵知県事に就任、そのまま武蔵県分割後の品川県知事になっている。県政が前述のような制度を押しすすめるうえで、古賀は反対を唱える村々に直接出張し高圧的に説諭するなど、積極的な態度で臨んでいる。

しかしこの強硬な社倉政策は、地域農民の反対運動も生じさせた。県下の武蔵野新田一二ヵ村（現在の小平市・武蔵野市・小金井市・国分寺市・西東京市・東久留米市）の農民たちが、江戸幕府八代将軍吉宗以来の新田村落の年貢負担の軽減を既得権として、県下一律出資を迫る県庁に押し掛け、この撤回を求める訴えをおこなう「御門訴《ごもんそ》事件」に発展する。

品川県社倉騒動（御門訴事件）

明治二年（一八六九）十一月品川県下の村々に社倉金の出穀が命じられた。武蔵野新田地域でも村役人がこの案を受け、各村で小前層に相談したところ、一三新田（大沼田新田、野中新田善左衛門組、野中新田与右衛門組、鈴木新田、田無新田、上保谷新田、関前新田、関野新田、梶野新田、野中新田六左衛門組、戸倉新田、内藤新田、柳久保新田）で、社倉政策に対する強い反対があがった。これを受けて村役人が相談のうえ、一三ヵ新田が連名で「古田と新田の区別を付けて欲しい」と県役所へ要求書を提出した。紛糾するなかで村役人と品川県の役人とが協議をおこなった末に妥協案が成立し、困窮者の免除が認められた。しかし県役人が帰庁の後にこの妥協案成立を聞いた県知事古賀一平はこれを一切認めず、責任者の役人を罷免し、別の役人を新田に派遣したうえ、武蔵野新田の一二新田（この時点で寄場組合村惣代の田無村は運動を離れる。）の村役人のなかで嘆願の中心人物と見られる三名の県役所への出頭を命じる。明治二年十二月末に、病気の一名をのぞいた二名の村役人が県に出頭するが、県側は前回の妥協案の破棄を伝え、了承納得しない村役人を宿預け（軟禁状態）とした。この知らせを聞いた新田の小前農民は「社倉出穀を妥協案まで減らすこと」「宿預けになっている名主の即時釈放」の要求を掲げ田無村に集結し、東京日本橋の品川県庁へ向けて出発しようとする。この騒ぎに驚いた県役人二名が急遽来村し、県側が小前農民の要求を認めることを約束して騒ぎは一段落した。しかし、翌三年一月になっても村役人二名は宿預けから釈放されず、あげくの果てに県からは、残りの村役人全員の呼び出しを命じる通達が来たのである。このような状況のなかで、不安が募る新田では、不安が憶測を呼び新田農民の気持ちを追いつめていった。さらに村役人たち全員が県から再び妥協案の破棄を告げられ軟禁状態になったという情報がもたらされると、ついに小前農民らは結集し、県庁のある日本橋浜町へと向かうのであった。

一方、品川県で説諭を受けた村役人たちは一月九日、とりあえず県の言うとおり、最初の社倉出穀額に戻して実施することを小前農民に説得することを約束して釈放となる。しかし、その帰り道に新田の小前百姓が県庁へ向かっていることを知ることとなる。徒党を組むことは重罪であり、村役人層は今後の村や村民の行く末を安じ、青梅街道を進む直訴集団を止めるように惣代名主の内藤新宿高松家に依頼し、阻止をはかる。しかし一揆は淀《よど》橋《ばし》などで妨害にあうが、これを迂回して、ついには日本橋の品川県庁に到達、門の前で交渉を申し入れる「門訴」をおこなう。当時の慣習では、門の中に入るか否かによって処罰に大きな違いが生じる。門を挟んで新田百姓と県側で次のような応答があった。

新田百姓「なにとぞ御慈悲をもって社倉穀積立方、皆免除していただきたく……」

（門内には百姓は入らない）

県役人（入ってこない農民に対して）「然《し》からば其《そ》の方どもは、知事様を是《ここ》へ引き出し候つもりか」

新田百姓「左様に御座候」

県役人「不届き至極《しごくな》成る百姓、太刀《たち》の続くだけ切り捨てよ！」

その瞬間門が開き、武装待機していた県側の兵が百姓たちに切り込み、逃げまどう百姓のうち、その場で五一人が逮捕された。

この御門訴一揆の情報は、東京府内にまたたくまに伝わった。そして「徳川の牢人どもが多人数の百姓を扇動して東京城へ向かっている」「浪人が下総、上総から百姓に加わって門訴と称して東京に入って来る」「所沢でも品川県への門訴目的から七、八百人もの百姓が集まっている」などのさまざまな風聞をともない、東京の各入口には軍が出兵し、徳川田安家は屋敷周りの警護を固めるなど東京の緊張を高めていった。

不慣れな東京府内を逃げまどう農民たちは散り散りになってしまうが、農民側も緻密な計画のもと、この訴えをなんとか成功させようと次の策を準備していた。関野新田の邦蔵は名主である父親の清十郎と連携をはかり、着物を取り替えながら東京に潜伏しつづけ、品川県の追手の目をかいくぐり、とうとう国家機関である弾正台《だんじょうだい》へ箱訴《はこそ》を成功させる。弾正台が監査機関としての役割を持っていることを承知のうえの行動である。父親の清十郎はこの間、品川県の再三の出頭命令に対して仮病を使って拒否をしているが、弾正台からの呼び出しがかかると、病気は全快したとして、出頭し、一連の品川県の対応を明らかにする。このように、新田村落はこの問題を県と村の問題ではなく、国レベルの問題にすることに成功するのである。その後、この事件は村役人層の逮捕、獄死などの県の強硬姿勢で鎮圧され、多少の修正をともないつつも社倉制度自体は実施されていく。一方で弾正台によって品川県知事以下、役人が取調べを受け、弾正台は県の責任を問う結論を出すにいたる。県知事古賀は品川県廃止後、左遷に近い人事で転出されることとなる。この結論は当時の強硬な大隈主導の「民部大蔵省」行政に対する各地の県知事からの非難と相まって、政府内部での政策論議に発展し、ついには民部省と大蔵省の再分離問題に発展していくのである（藤野、一九九〇）。

品川県社倉政策は明治四年の廃藩置県時に品川県が消滅するために廃止となるが、県下から集められた社倉金は、その後の運用失敗により消滅に近い状況となり、明治七年から

図13　御門訴事件により非業の死を遂げた関前村・同新田名主井口忠左衛門をたたえる碑（武蔵野市八幡町）

十年代にかけて、東京・埼玉・神奈川に移管された旧品川県管轄下の村々によって激しい返還運動が展開された。大審院での裁判にまで発展したこの問題は、最終的に大蔵省による国庫返済によって解決を見ることとなる。これらの返還運動は、折しも、多摩郡に自由民権思想が環流・浸透する時期にあたり、地元の農民たちはかつての御門訴事件を自由民権運動の原点と位置づけ直して語り継いでいく。

帝都・東京の建設

第二の誕生

「東京」の出発

管轄地域の再編と地域行政

現在の東京都の範囲は、島嶼《とうしょ》を抜いても、西多摩郡から東京湾縁まで東西に長く、広域の行政体である。しかし、できたばかりの東京府は、現在の私たちが「東京」とイメージする範囲とは比べものにならないほど小さなものであった。明治元年（一八六八）の七月の初期東京府のスタート時の管轄範囲は、旧江戸町奉行の支配地であり、江戸時代後期に「朱引内《しゅびきうち》」といわれた範囲にだいたい準じたものであった。十一月以降、隣接する郷村地であった旧代官支配地に「武蔵県」が設置された後に、入り組み錯綜していたそれらの地域の境界の一部を吸収して「朱引」は拡大された。その結果、旧幕府の「朱引」の範囲よりは、ひとまわり広い範囲となった。

明治二年（一八六九）二月、政府は改めて市街地と郷村地の境界線（朱引線）を設定し直した。北は「本所扇橋川筋」、西は「麻布・赤坂・四ッ谷・市ヶ谷・牛込《うしごめ》」、南は「品川県境より高輪《たかなわ》町裏通り・白金台町《しろがねだいまち》二丁目・麻布本村町通り・青山」、北は「小石川伝通院《でんづういん》・池之端《いけのはた》・上野・浅草寺《せんそうじ》後ろより橋場町」にいたるラインを示し、これより内を市街地とした。しかし幕末の混乱以来、荒れ果てる土地も点在していたのでなるべく空き地を減らすように、朱引内に土地を持っていながら、外に居住しているものは内部へ引っ越してくるように呼びかけた。そして続く三月、この「朱引内」の九二八町（一町がおよそ一〇〇〇〇《ルアー》）に、人口がおよそ五〇万人であったことから、新たに「一区についておよそ一万人ごと」を基準として「五〇区」を設置した。区は一番から五〇番までの「番組」とよばれ、行政組織も改革された。旧来の町名主《まちなぬし》は全員罷免とされ、この旧名主のなかから各番組ごとに「中年寄《なかとしより》」「添年寄《そえ》」が任命された。そして五つの番組ごとに「中年寄世話掛」を置き、そのなかから統括として二名の「世話掛肝煎《きもいり》」が任命された。また、各町内では、従来町内公務をになってきた「家主」が廃止され、「町年寄」が設置された。

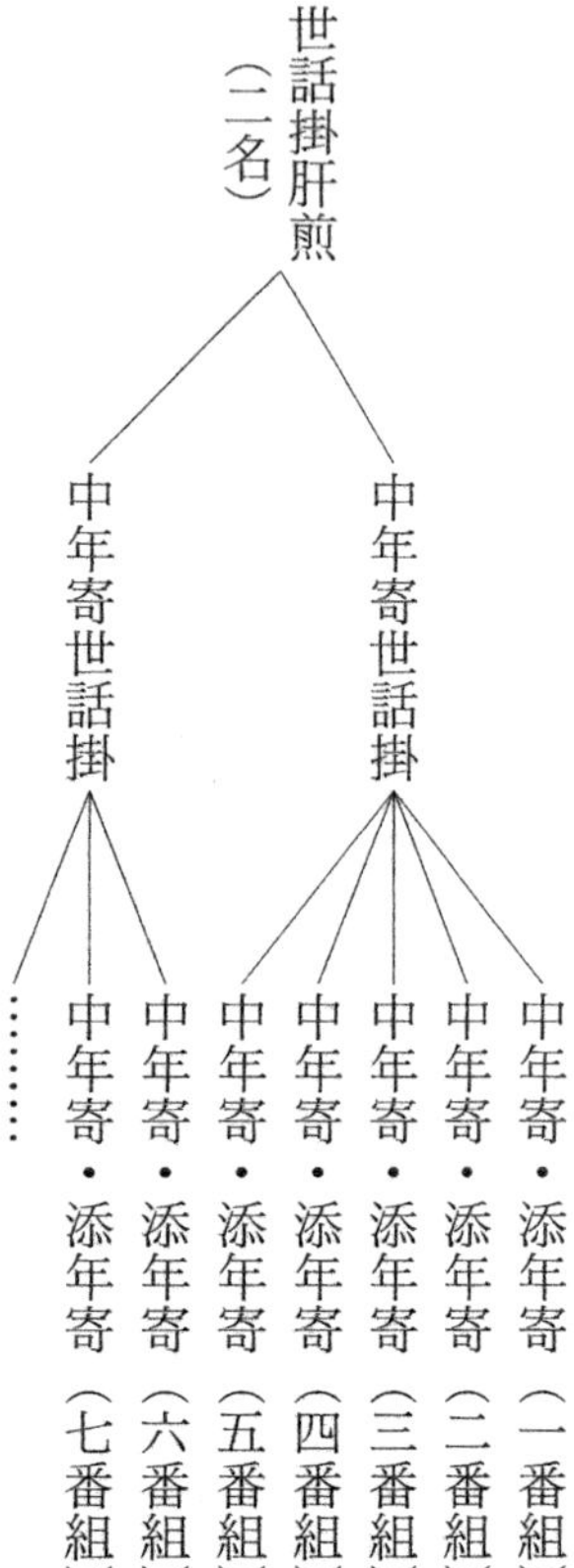

（各番組の下には旧来の町が存在している）

一方、五月、朱引の外側の郷村地区一九〇町八九村は五区に分けられ、「地方一番組」から「地方五番組」が設置された。各組には「中年寄」が置かれ、その全体統括として「大年寄」二名が置かれた。

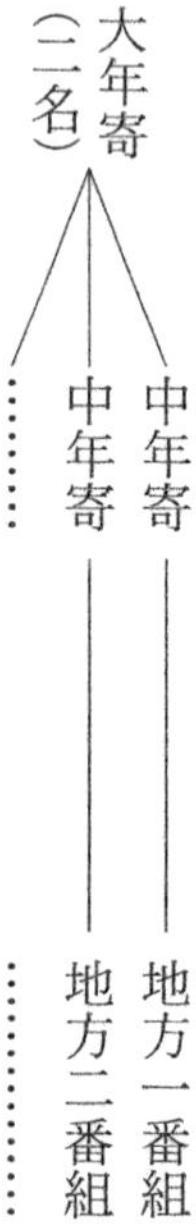

後の明治四年（一八七一）四月には戸籍法が布告され、これまでの四、五町、規模によ

っては七、八町を一つの区画として、それぞれに戸長・副戸長が設置される。

廃藩置県と新「東京府」

維新直後からの混乱の中、地方政治は大きな改革がすすめられることなく、基本的には幕府時代以来の区画にもとづいた行政が実施されていた。しかし、その幕府時代の状況はとても複雑なものであった。現在では、行政区画というものは「面」による一円的な区画が常識であるが、江戸時代は身分による管轄（町人地、寺社地、武家地）支配が中心であった。また、各大名領も飛び地が点在し、地域の支配系統は複雑に入り組んでいた。東京周辺を見てみると、旧江戸は軍事的な支配の終了とともに東京府が設置され、周辺の幕府直轄地（旧代官支配地）には県がおかれていた。一方、旧来の彦根藩領が引き続き世田谷に存在し、同藩の「飛び地」となっていたり、またそれぞれの県府境、府藩境界は入り組み、複雑な状況となっていた。この府・藩・県の三治制のもとで、関東だけでも七一府藩県が存在しており、新たな行政を展開するうえでの妨げになっていた。

明治四年（一八七一）七月、「廃藩置県」が実施された。「藩」という名称はこの廃藩置県によって消滅するものの、実態は今までの藩の区域が名称を県としたにすぎず、実体的には行政区域の変化はさほど変わらなかった。政府は徐々に各行政区域の再編に着手し、関東諸府県は十月には岩鼻・前橋県を統合して群馬県を設置、十一月には残りの関東諸府県をすべて廃止し、東京・埼玉・群馬・入間《いるま》・神奈川・足柄・栃木・茨城・宇都宮・印《いん》旛《ば》・木更津《きさらづ》・新治《にいばり》の一府一一県に再編した。

東京府もこのなかで新たに生まれ変わり、それまでの東京府は一度「廃止」とされ、新たに発足するという形式で新「東京府」が設置された。十一月から翌五年にかけて実施された管轄地域の再編は、特に隣接していた品川県が廃止されたことで、東京府にも大きく影響を与えた。先にも述べたように、品川県の管轄地域は、北は所沢周辺から南は横浜近辺まで、さらに東は東京湾から西は多摩西部にまでわたる広大なもので、しかもそれらが東京府管轄区域と入り組みながら存在していた。この品川県は分割されてそれぞれ近隣の県に吸収された。東京府には同年十二月五日、旧品川県の多摩郡・豊島郡・荏原《えばら》郡のうちから一六六町村が編入された。また、旧品川県の他の地域のうち、多摩郡の大部分（おおよそで示すなら現在の市域にあたる地域）は神奈川県管轄となった。

さらに埼玉県に再編された旧浦和県からは同月十五日、豊島郡内の二八町村を編入、翌五年一月二十四日には長浜県（旧彦根藩領）から荏原郡の一〇村が編入、二月八日には旧小菅県より豊島・足立・葛飾の三郡のうちの一一九町村が編入された。こうした編入の進行とともに、近隣県と飛び地の交換がすすめられ、県境をはっきりとした形にするとともに、近世以来の支配方法を一新し、面としての区画がはっきりと示されていった。

しかし、この管轄換えに対しては住民の慣習も存在し、図面を引くようにスムーズにはすすまず、試行錯誤もともなった。たとえば、二年五月二十二日、一度東京府に編入した多摩郡五〇町村を神奈川県に移管することとなった。しかし九月十日には再び神奈川県から多摩郡内三三町村を編入するなど、手探りの状況のなかで編入再編はすすめられた。最終的に新「東京府」は、非常に大まかに示すならば、現在のほぼ二三区の範囲に相当する地域に成立した。

桑畑になった武家屋敷

江戸の人口の半数は武士であったといわれ、その多くが参勤交代制度によって諸藩の藩主に従ってきた藩士たちだった。武家屋敷の面積は「御府《ごふ》内《ない》」とされ、市街地として考えられていた「朱引内《しゅびきうち》」で七六四万四〇二〇坪、二五二二・五ヘクタールとなり、江戸全体の面積の六割以上にも達していた。明治元年（一八六八）七月、政府は各藩の公邸と大名の私邸以外は、すべて政府がこれを召し上げるという命令を発した。前に記した前島密《ひそか》の江戸遷都案にあるように、政府は当初から武家屋敷を官庁として利用し、それ以外の武家地はいずれ市街地として発展させていこうと考えていた。

しかし、江戸は人口が急減しており、市街地としての発展は思うようにすすまなかった。当時、東京府の中にある武家地の荒廃はかなりすすんでいたようである。たとえば明治四年（一八七一）三月、東京府は、市街地を示す「朱引」範囲を一度縮小するという布達を発している。このとき「朱引外」とされたのは高輪・三田・麻布・赤坂・四谷・市谷・牛込などの山の手地域で、武家屋敷が立ち並ぶ地域である。いずれも「市街地扱いは不適当」という理由で「郷村」部へ編入された。明治三年の調査によると初年の東京の朱引内外をあわせると武家屋敷は実に一一六九万坪にものぼり、その持ち主のほとんどが国元へ引き上げており、中小の藩邸は空き家同然の所も多い状況であった。元南市政裁判所に勤務した土方久元《ひじかたひさもと》の『懐古録』によると「なにぶんその頃駿河台などは明屋（空き家）ばかりで盗賊が住んでいるという有り様で……明治三年の夏までは三尺位もある草が茫々として……いかにも不要（用）心であった」と述べている。また新政府も、邸を持たない薩長の下級藩士や下級貴族など維新功労者に対して、幕府方の藩主から武家地を没収して配布するが、配布された側もこの広い庭付き邸宅を持て余し、荒廃は著しく進行していった。

このように明治初期の武家屋敷の荒廃は著しく、放置してはおけない状況となっていたので、政府・東京府もこれに対する対応を始めざるをえなくなり、結果、困窮民の授産政策としてこの土地を利用することを考えた。米麦に比較すると農作業が初心者向きで、武士として生活してきた者にも何とか対処できる茶・桑の生産奨励をおこなう。明治二年（一八六九）八月、武家屋敷など「上げ地された土地は桑田・茶園として開墾すべき事」という内容の布令が達せられた。元年十月から二年八月にいたる当時の東京府下の実情は「棄児縊死《きじいし》」二〇〇人、「餓死」三〇〇人に及んだという状況であった。特に府知事大木が必要を感じていたのはこのような窮民政策であったと考えられる（「因革史料」）。

しかし、この桑茶政策は、後に大木喬任《たかとう》自身が「あの政策は失敗であった」と振り返るように四年八月には撤回された。撤回の理由については、一つは都市の再興が予想以上のスピードで進展したこと、二つめは、東京奠都《てんと》によって太政官をはじめ官庁としての武家屋敷需要が急速に高まり、市街地での土地の利用が急速に増えたこと、三つめとして、郊外でも軍用施設などの設置が新たに計画されていったこと、さらに四つめとして、幕末以来の輸出産業の中心であった茶・絹と結びつけた政策であったが、実際これらの地域に求められていたのは近郊農村としての役割で、東京などで消費される野菜などの供給が期待されていたために、桑茶生産地としての適性がなかったこと、などの点があげられよう。

その後、官庁として利用された武家屋敷は、外務省（旧津山藩邸）、内務省（旧姫路・津山藩邸）、大蔵省（旧姫路藩邸）、陸軍省（旧広島・名古屋・桑名・淀藩邸、一橋邸）、文部省（旧小倉藩邸）、工部省（旧佐賀藩邸）などで、現在も省庁の所在地となっているところもある。また広大な庭園として、赤坂離宮（旧紀州藩邸）、小石川後楽園（旧水戸藩邸）、明治神宮境内（旧彦根藩邸）、新宿御苑（旧高遠藩邸）など、これらは明治の都市計画のなかで重要なポイントとなり、現代の東京の姿に大きな影響をあたえている。

一方、市街地となった武家屋敷はこれまで正式地名を持たなかったが、地租改正にともない明治五年（一八七二）二月、これらの新興の市街地にも町名がつけられることとなった。三月には各区の戸長へ、なるべく「昔から使われている耳に通りやすい名前で町名をつけ、申し出ること」が通達され、この年の春から夏にかけて町名が決定された。このとき誕生したのが千代田町・大手町・有楽町・美土代《みとしろ》町・連雀《れんじやく》町・兜《かぶと》町・浜町・三田・霞ヶ関・内幸《うちさいわい》町などである。これらは新政府がこれまで非課税地であった武家屋敷地域をも市街地同様の課税対象地として地租改正のなかに含めているという作業の一貫として実施されていった。しかし、その反面、現実には軍用地とされた地域も多く、町名はついたが実態は旧武家地同様に非課税地域となった所も少なくない。また旧藩主層のなかには新

図14 旧姫路藩邸におかれた明治初年の大蔵省と内務省
(石黒敬章氏蔵，東京都写真美術館『幕末・明治の東京』1991年より)

たに華族として邸宅を維持していく者もあり、また皇族の屋敷も新設されていったように、大きな景観の変化をともなわずに推移する地域もあった。こうした地域も含めた都市計画がおこなわれていくのは大正末期を待たねばならない。

煉瓦街はカビだらけ

明治五年（一八七二）二月、和田倉門内の兵部省内から出た火は、京橋一帯を焼き尽くす大火となった。江戸時代以来、始終大火がおこってはいたが、政府は府知事由利公正《ゆりきみまさ》を復興担当に任命し、ここに一つの都市プランを持った復興計画を実施した。当時、条約改正交渉の過程から、日本の「文明国としての顔」を対外的に示すために、近代的な都市の景観を持たせることは一つの外交手段にもなっていた。近世都市・江戸にお化粧をした程度の「東京」を、当時の政府のいう「文明的な」洋風建築の市街につくり替えるには、この期は千載一遇のチャンスであった。ましてや京橋地域は築地《つきじ》の外国人居留地を背後に持つ場所である。

大火から一週間後、「木造家屋建築の禁止」など住民個々の復興を制限する命令が出された。「建築制限令」といわれるものである。政府は「耐火建設物としてレンガ洋風の建築物をたてる」「表通りの幅を一五間とし、車道と歩道が区別されたメインストリートを建設し、さらにその境目には街路樹を人為的に植える」など、当時の日本人の常識からすると驚くべき発想の一筋の町を計画した。計画設計は、ウォートルズらイギリス人の技師によっておこなわれ、兜町の三井組為換座《かわせ》、駿河町三井組などの洋風建築を含み、日比谷官庁街集中建設や中央ステイション、国会議事堂、公園などを含む都市計画の様相を見せ、明治七年（一八七四）には表通りにガス灯が点灯した。煉瓦《れんが》街は五年の歳月をかけて九一五棟が完成した。

しかし、完成した煉瓦建築はその外観とは対照的に、実用的には日本の気候に適応できていなかったのか、「湿気がこもる」「カビが生える」「雨漏りがする」などあまり評判はよくなかった。また、この建設計画を実施するうえでの住民の強制立退《たちの》きや、完成した建物の払下げ代金の高価さなどとも相まって、計画は大幅に縮小されて明治十年（一八七七）に中止となる。

計画は縮小されたものの、銀座はその後も明治十五年十〜十一月には、はじめての電灯がともされるなど、明治・大正・昭和を通じて平成にいたるまで、常に新たなモードの発信地として存在感を示し続けていく。

図15　明治の銀座風景
（大屋書房蔵，東京都写真美術館『幕末・明治の東京』1991年より）

築地の外国人居留地

東アジアにとっての十九世紀末は、ヨーロッパを中心に築き上げられつつあった世界の資本主義市場の渦に巻き込まれていった時代である。これらをもたらした国のうち、特にイギリスが東アジア市場の支配拠点としたのが貿易港である香港、マカオ、そして横浜であった。江戸幕府は江戸は内港、横浜は外港と区別して政治中心都市である江戸への外国勢力の直接的な侵入を一貫して防いできた。しかし、戊辰《ぼしん》内乱期に欧米との交渉のなかで江戸開市を決定せざるをえない状況に追い込まれていった。当然ながら基本的な部分では明治新政府もなるべく外国の資本勢力の首都・東京への侵入を阻止したいという意向は変わらなかったが、諸外国との取決めにしたがって明治元年（一八六八）、「東京開市」にいたった。築地に外国人集団居住地区がつくられ、住宅・学校などの生活コミュニティーとともに築地ホテル館などが次々と建設された。築地の居留地は、東京の人々にとって、「欧化」のショーウインドウとなった。建築物、そして人々の服装、すべての風景は、時にはそれを見る人々に欧米へのあこがれを生み育てることにもなった。

しかし、明治五年（一八七二）、大火が発生し、居留地の多くが被害を受けた。ちょうどそのころ、鉄道によって新橋―横浜間が五三分で結ばれた。この鉄道開通の結果、東京港・横浜港は実質的に一体化することとなった。諸外国にとっては、取引き場を分ける意味合いが低下し、東京にあえて拠点を構える積極的なメリットは消えていった。築地の外国人居留地はこうして姿を消していく。しかし、短期間ではあったが、東京市民に「欧化」の具体的な姿を印象づけたことは、その後の政府の欧化政策を推進するさいのイメージを築き上げたという面で大きな足跡を残した。

区部と郡部――地方三新法と東京府

明治十一年（一八七八）七月、支配単位の基礎である地方制度の再編がはかられ、「郡区町村編制法」「府県会規則」「地方税規則」のいわゆる地方三新法が制定された。東京府も、市街化がすすみ通常収入の多い地域を「区部」として、麴町・日本橋・神田・京橋・芝・麻布・赤坂・四谷・牛込・小石川・本郷・下谷《したや》・浅草・本所《ほんじょ》・深川の一五区を設置した。一方、旧宿場町や近郊農村を「郡部」として、荏原《えばら》・東多摩・南豊島《としま》・北豊島・南足立《あだち》・南葛飾《かつしか》の六郡が設置された。

それまで、明治七年（一八七四）の民選議院設立の建白以来、東京の区部では、旧町会所《まちかいしょ》が発展した東京会議所が民会設立の要求を提出するなど、区部会の設置を求める要求が高まっており、九年十一月には各区惣代人選挙がおこなわれている。十一年の府県会規則によって府県会議員選挙が実施され、明治十二年（一八七九）一月、第一回臨時府会が開催された。また、同月「区会規則」「町村会規則」も制定され、翌二月には選挙が実施され、各区・町村単位の行政組織が確立していった。また、「地方税規則」によって経費は各区町村で「区長村協議費」とよばれ、公費の概念が定着していった。

七分積金と区部地域

江戸の町には区部の共有財産として、江戸時代の町会所に蓄えられた「七《しち》分積金《ぶつみきん》」が存在した。これは疑いなく町費から積み立てられたものであるから純粋に町の財産であり、「幕府のものでも新政府のものでもない」という意識が、明治になっても一部の住民の間には定着していた。

明治元年（一八六八）六月、町会所七分積金は停止された。その年の十二月、積金の残金は一〇〇〇両となっており、小菅に設置されていた非常用の籾蔵《もみぐら》から籾三万石を売却し東京府へ納入、五〇〇〇両を町会所積金とした。これらまとまった金額の存在は、財政難の新政府にとっては非常に魅力的なものにうつった。元年八月から十二月に売り払った額の八〇％を政府会計官が一時立て替えとして持っていく。しかし、引き続き凶作が続いたため、明治二年正月より積金は再開され、六月郡部にもこれと同様の負担が付加された。同年五月、東京府は三田一丁目に救小屋《すくいごや》を設置したが、実際の食糧支給は町会所の囲い米よりおこなわれている。

明治三年（一八七〇）、積金は再び廃止されるが、翌四年七月、この町会所七分積金の処置について由利公正府知事は、五〇区の共有金であることを確認し、当時施行されていた六大区制の大区ごとに町会所を立てることを表明するが、実際は八丁堀の町会所で一括管理された。さらにこの資金を元にして「東京銀行」を設立することが提案・検討されたが、大蔵大輔《たいふ》井上の反対で実現しなかった。

その後五年二月、火災によって消滅した銀座に煉瓦街の建設計画が持ち上がったさい、政府はその資金を町会所積金でまかなおうと考える。しかし、区部の共有財産であるとの意識を持つ由利府知事はこれに反対し、町会所資金の運用をめぐって政府との対立が表面化する。どうやら、ここで政治的な画策がはかられたようである。対立の最中、由利府知事に対して、その後、大久保利通《としみち》に随行という名目で急遽外遊が決定され、その外遊中に、井上馨、渋沢栄一らの意見によって大久保一翁《いちおう》（忠寛《ちだひろ》）が突如府知事に就任した。この大久保一翁新知事のもとで、明治五年五月、町会所は廃止され、東京府へ引き渡されることとなり、旧七部積金はさまざまな営繕事業に利用されることになった。

その後、この町会所資金は道路・橋梁・水道の修理改築、新規の営繕事業に利用され、小野組、三井組、鹿島清兵衛などに積金は預けられ、八丁堀に営繕会議所《えいぜんかいぎしょ》が設置された。また、営繕事業だけでなく「学校建設」「交易通商の利益」「窮民対策」「生産保護」などにも利用されていった。

その後、営繕会議所は明治五年（一八七二）十月に東京会議所となった。市民共有財産の管理は市民会議で可否すべきだという主張がおこなわれ、まるで「東京市会」といえるような性格を担って行くが、これも明治十年に廃止された。明治十二年（一八七九）以後、町会所資金は共有金として東京府の「区部会」の管轄下となり、たとえば、十四年一月の神田橋本町焼失時の土地の買上げ資金として復興および都市計画に利用されたり、ガス会社（後に払い下げられて東京ガスとなる）設立資金、また商法講習所（後の一橋大学）設立資金に利用されるなど多様な形で利用されていった。そして二十二年（一八八九）六月、東京市設置以後、資金は市の管轄となり、月島《つきしま》埋立てなどにも利用されていった。

三部経済制

明治の東京府は、地域によって他県には見られないほどのさまざまな差異を際立たせていった行政体であった。日本の首都として近代都市化が急速にすすむ区部と、近郊農村として生活を立てている郡部とでは、それぞれの地域の生活環境・習慣、当然ながら行政に求められるものにも大きな違いが生じていた。実際に区部では教育費（公立学校費）が歳出の六割を占めていたのに対し、郡部では土木費（治水関係など）が最高額を占めていた。

このような「差異」の隔たりが拡大していくにつれて、東京府会では、区部と郡部の財政を区分する「郡区地方税分離条例案」が次のような点で論議・審議された。

①郡部と区部の住民構成、特に職種（農民か商工業者か）の違いから生じる、必要とされる施設の違い。

②一五区内部の旧幕府時代以来の緊密さ、また独立可能な経済状況。

③区部と郡部の人口密度差による地租負担の不均衡。

④首府建設に要する必要経費の税負担と、それによる郡部の多大な負担の可能性。

これらの点から議案は可決され、明治十四年（一八八一）二月、東京府会の機構に区部会・郡部会が設置され、財政は郡部・区部・共通の三つに分離されて運営される「三部経済制」がスタートした。

この「三部経済制」設定の背景の一つには、前述してきた旧町会所による七分積金の存在も指摘されている。旧江戸をアイデンティティーとして、いまだ持ち続けている区部では、この積立金が共有金として存在しているために財政面における区部の一体化が強く考慮されていた。このように、区部の郡部からの経済的独立は、旧町会所積金をも視野に入れながら、次の時代の東京市設立や東京都制の議論においても、その実施範囲をどうするかという点で郡部と意見を交わす要因となる。この三部経済性は昭和七年（一九三二）まで継続した。

翻る葵の御紋―江戸開府三〇〇年祭とジャーナリズム

明治三年（一八七〇）、最初の日刊新聞『横浜毎日新聞』が発行されてから、以後『東京日日新聞』『郵便報知新聞』などの日刊紙が東京でも発行され、しだいに政治論的色彩を強めていった。明治十年（一八七七）の調査によると東京の新聞雑誌は五九を数え、発行社は京橋・日本橋区に集中していた。政治論を唱える色彩を強めていった大きな新聞社は、しだいに銀座煉瓦街に移動し、一大ジャーナリズム街を築き上げていった。また、このような新聞その他のジャーナリズムを拠点に、薩長藩閥政府に批判的な福地《ふくち》源一郎《げんいちろう》（桜《おう》痴《ち》）・成島惟弘《なるしまこれひろ》（柳北《りゅうほく》）・田口卯吉《うきち》らが盛んに言論活動をおこなった。明治十四年（一八八一）の政変を境に政府の要人暗殺事件などが相次ぎ、運動の活動家である壮士の上京が続くなかで、二十年の政府の保安条例制定など東京をめぐる政府と民権運動家たちの対立が激化していった。このような状況と相まって、言論活動が活発化しつつあったが、その内容の多くは、同時代のなかで一つの政策、向かうべき方向を主張しあう議論が中心であった。歴史の流れのなかで、明治という時代を相対化するような形での議論はなかなか難しかったが、維新から二十余年が過ぎ、江戸から明治へという時代の移り変わりをどう評価するのかという視点を生み出すために絶好の機会が到来する。明治二十二年（一八八九）八月、東京は江戸開府三〇〇年祭が開催された。家康の入府以来の江戸・東京の発展を祝うこの祭りは、維新以来、「旧悪」の一言のもとに虐げられてきた幕府および幕臣たちの復権のアピールの場にもなった。

「（上野）公園の入口より東照宮までは葵《あおい》の紋《もん》付きし提灯《ちょうちん》数百張を掛列《かけつら》ね……五重の塔の前に於いては榊原謙吉氏奉納の撃剣あり社殿の横手には碧血会員即ち戊辰《ぼしん》の際函館に脱走し五稜郭《ごりょうかく》に楯籠《たてこも》りたる人々の氷接待有り、府下各組合の消防府は獅子の飾り付けある花山車を引き出し葵の紋付きし纏《まとい》二本を振立て……一般の景況憲法発布式以来の賑なりき」（『朝日新聞』明治二十二年八月二十七日）と葵の紋がまるで待ちかねていた春に開く花のように東京によみがえっていった。また、天正十八年（一五九〇）江戸開府当時の江戸町奉行兼関東総奉行の内藤家、江戸町奉行の子孫青山家、町割をおこなった村田家、神田上水事業の大久保家、旧町年寄の樽屋・喜多村・奈良屋の子孫などが式典に招待された。

維新後二十余年をへて、この象徴的な式典がジャーナリズムの発達と相まって、「維新」について、明治政府への客観的な評価・批判がおこなえる一つのきっかけとなった。

生糸の流れと民主主義の流れ

多摩地域は、甲州産生糸の集積地として横浜貿易と密接な関係をもっていた。幕末の開国から始まった貿易港横浜の発達は、生糸の集積地として八王子―横浜に日本版「シルクロード」をつくりあげていったことは前述した。明治になると八王子の鑓水《やりみず》商人たちは、しだいに横浜の生糸商人たちに圧倒されていったが、それでも「シルクロード」は繁栄を見せていた。この絹の道をさかのぼる形で、欧米の思想・文化が多摩地方に入り込んでいった。特に多摩川南岸は外国人遊歩地にもなっていたため、訪れる外国人を通じて新たな文化の吸収を続けていった。

これらの吸収先となったのが、近世来の改革組合村惣代農民などをはじめとした、豪農層たちであった。彼らは明治になってあらためて村政の担当者としての主体的な活動をすすめ、地方三新法の施行とともに、より政治的な意識を高めていった。多摩郡の野津田《のづた》村（現八王子市）の石坂昌孝《いしざかまさたか》や布田《ふだ》（現調布市）の原豊穣などは、明治六年（一八七三）に「公選民会」（地方議会）の要求をおこなうなど、かなり早い時期から欧米の議会制度の導入を地方行政に取り込む主張をしていた。さらに明治十年代になると豪農宅を中心に地方政治や自治の研究・学習組織が生まれ、学習会・懇談会・演説会など、活発な活動がおこなわれた。明治十一年（一八七八）から二十三年（一八九〇）の国会開設までの一三年間で、多摩地域には学習結社・民権結社が六一社ほど存在していた。同じ時期の東京府内全体の結社の数が七八社であるから、人口の対比を加味して考えるとその数の多さが想像できる。特に横浜、東京との交通の結び目には結社が集中し、青梅の時習社・西多摩郡青年倶楽部・同友会など六社、五日市には学芸講談会・五日市学術討論会・協立衛生議会など八社、八王子には南多摩郡自由党・多摩講学会・八王子共立政談討論会など一三社、府中には自治改進党北多摩郡自由党・新聞雑誌講読会など七社がそれぞれ集中して設立された。

西多摩郡五日市町（現あきる野市）の「学芸講談会」の幹事をつとめた豪農・深沢権八は私費を投じて図書館といえる施設を自宅につくり、自由な閲覧をさせていた。蔵書は、ルソー、スペンサー、ミルなどの西洋思想家の訳書から国内新刊本、法律書などを次々と購入していた。さらに外部から公立学校の教員をまねき、その二代目校長となったのが千葉卓三郎であった。学芸講談会で千葉らを中心に重ねられた議論が結実したものが、戦後になって深沢家の土蔵の中から発見された通称「五日市憲法草案」であった。

これら各地域での活動は明治十三年（一八八〇）に府中で開催された「武相懇親会」や、

十四年に原町田で開かれた「武蔵六郡懇親会」などの連絡協議をへて、より広い地域の運動へと発展していく。

多摩自由党の分裂と甲武鉄道

このような多摩地域での広域の運動は、国会開設運動、自由民権運動の高まりなどをへて、多摩を自由党勢力の強力な基盤としていった。南多摩郡野津田の石坂昌孝、北多摩郡野崎村の吉野泰三の二人が自由党幹部として全国的な運動へ参加し、多摩の自由党員は神奈川県会における影響力を高めていった。明治十八年（一八八五）、政府転覆クーデターが計画段階で明らかになり、大量の逮捕者を出した大阪事件がおこったが、この事件に多摩地域からも多くの自由党員が参加しており、多数の逮捕者を生み出すこととなった。また、明治二十年（一八八七）の神奈川県会騒動など、多摩の自由党内部では、過激な運動をおこなう森久保作蔵や村野常右衛門などの急進派の壮士らと、幹部クラスの間で徐々に運動の方向性をめぐって溝が深まっていた。明治二十二年（一八八九）吉野泰三は北多摩郡正義派を結成し、比留間雄亮・内野杢左衛門らとともに、石坂ら自由党主流派（過激派）との全面対立を宣言した。このように明治二十年代初頭に、板垣退助が「自由の砦《とりで》」と語った多摩の自由党は、組織分裂をおこしていたのである。

さらに多摩郡の地域的な関係に大きな影響を与えたのが鉄道の敷設である。明治五年（一八七二）、新橋―横浜間に鉄道が開通して以来、陸上の大量輸送をはじめて可能とした鉄道は、生糸輸出にも応用されていった。明治十七年（一八八四）に日本鉄道（現在の高崎線のルート）が開通し、上毛生糸を運ぶルートとして高崎―上野が結ばれ、翌十八年の日本鉄道品川線（上野―新宿―品川）の開通により、高崎から横浜までの生糸の運搬が鉄道路線で結ばれた。同様に、甲州生糸についても、鉄道を使って運搬することが計画されていく。生糸の集積場である八王子からの鉄道建設には、当初、次のような二つの計画が存在した。

①「八王子―新宿」案――八王子に集積された生糸を新宿に送り、品川を経由して横浜へと結ぶルートで、北多摩を横断するルートである。

②「八王子―川崎」案――横浜や八王子の生糸商人等が中心となって誘致したもので、南多摩を縦断するルートである。

これらの鉄道ルートによっては、これは現在にもまったく同じ現象が起きるが、地域への経済的な恩恵をめぐって、さまざまな利害対立が生じる。結果的には、政府が軍事的な要素の検討を加えてルート選定をおこなった結果、「八王子―新宿」案が採用となり、明治二十二年（一八八九）、現在のJR中央線にあたるルートの「甲武鉄道」が開通し、多摩と東京市内を結ぶ大動脈が生まれた。この鉄道開通によって、甲州生糸の流れも大きく変化した。八王子から南下するかつての絹の道はしだいに影を薄め、かわって人・物の移動は、東へ北多摩を経由するルートを主として、東京の区部へ向かうこととなった。

東京市と東京府

市制特例と町村合併

明治二十二年（一八八九）、市制・町村制が施行された。これにともない同年五月、東京市が誕生した。市域は従来の一五区とされ、市長・助役は府知事・府書記官が兼任するというものだった。

市制特例とは「大都市を小都市と同じく一般市制を適用するのは適当ではない」という政府の意図によってつくられた制度で、大都市を国の強い指導下に入れることを目的としていた。東京市は財産区としてのみの法人格を持ち、独自の政策を展開することは許されなかった。したがって制定当初より「特例」撤廃運動が市会・市民から掲げられていった。

市制と同時に六郡町村に町村制施行が実施された。これまで数百存在した町村が八五町村にまとめられた。郡部の町は九町（品川・落合・淀橋・内藤新宿・南千住《みなみせんじゅ》・巣鴨・岩淵《いわぶち》・板橋・千住）で、区部と郡部の境界を再編し、旧来の自然村落を基盤とした区画を新たな行政区画として整然としたものにした。

東京の都市計画 ――市区改正

明治二十一年（一八八八）、上野・浅草・芝・深川・星ヶ岡が五大公園として指定を受け、さらに内務省市区改正審査会の方針として市区改正事業が発表、実施された。市区改正事業とよばれる、はじめての包括的な都市改良政策の実施である。帝都の外観整備を目的としたこの事業は、近世の江戸を大きく近代都市として変貌させるきっかけとなった。市区改正事業では、市内一五区を対象として、道路・河川・橋梁・外堀整理・水道・鉄道・公園・市場・屠場・火葬場から墓地にいたるまでの、多種多様な都市基盤の整備、あるいは新設が計画されていた。

コレラ騒ぎの影響もあり、なかでも衛生事業は優先的にすすめられ、近世来の木管による水道を鉄管へ取り替える「水道改良事業」は三十一年（一八九八）にほぼ完成した。三十二年には淀橋上水道・本郷給水所・芝給水所が完成し、この結果同年、一五区内の鉄管水道による給水が実現した。同時に消火栓の施設も実施され、「江戸の華」とまでいわれ頻繁に起こっていた大火がようやく激減することになった。また、三十六年には、最初の近代ヨーロッパ風の公園として日比谷公園が開園した。埋立て計画も実施に移され、二十三年（一八九〇）から二十九年（一八九六）にかけて佃島《つくだじま》東南地先が埋め立てられて、新佃島が完成、さらに月島《つきしま》埋立て地は市域に編入された。また、吾妻《あずま》橋・お茶の水橋・西河岸橋・芝園橋・永代橋・万世《まんせい》橋・新両国橋・日本橋・新大橋など、橋梁が新改築され、近世の堀や河川によって意識的に交通の遮断をおこなってきた江戸の景観が、大きく変化し、道路網も整備され、四十三年（一九一〇）には、幅二〇間（約三六・四メートル）以上の道路一〇線、一五間（約二七・三メートル）以上八線の市内主要道路の整備によって、市区改正事業の第一次事業が終了している。

しかし、市区改正事業の開始された明治二十一年十月四日の『朝日新聞』には次のような記事が掲載されていた。「大遊園十ケ所・小遊園四十二ケ所を置き、九段坂上靖国神社境内……費用大遊園に七十余万円、小遊園八十余万円を要する次第なれば遊園設置のことは概《おおむね》改正の第一着として取掛る場合には至り難かるべく在来の公園地を引継がるるのみにて他は跡廻しとなるならんと云ふ……」。実際、市区改正事業はあまりに計画が大きすぎ、また日清戦争の開始により、事業は停滞をきたし、整理・縮小されていくこととなった。

図16　隅田川の河川敷と桜並木（墨田区向島）

第一次事業で未完の部分は、明治四十五年（一九一二）以後「第二次改正促成事業」として、水道拡張・下水道事業・郡部の道路改造など大正七年（一九一八）まで継続事業となり、その後は「都市計画法」による事業として引き継がれていく。

帝都の水瓶――東京の多摩意識

北多摩地域は中央を五日市街道・青梅街道・甲州街道が貫き、さらに玉川上水など、江戸との結びつきのなかでつくられてきた道・上水が明治以後も、依然として大動脈の役割を果たしていた。東京府との経済的な結びつきも強く、横浜街道でますます貿易港横浜と密接になっていく南多摩郡とは一線を画していた。特に井戸によって水を得ることが難しかった北多摩では、玉川上水は生きていくために欠くことのできない重要な水だった。この上水の管理は、江戸時代、江戸町奉行所がおこなっていたため、維新後も奉行所を引き継いだ市政裁判所（後の東京府）の管轄下になった。

明治二年（一八六九）、政府から玉川上水流域の村々に、上水の全面改正工事の「達《たつし》」が伝えられた。工事は玉川上水の枝用水である品川用水、千川用水も含めて上水水系全体の改正に及んだ。当時、政府・東京府側には、武蔵野地域の人口増加による取水量の増加が、首都東京の水不足をもたらすという危機感があり、この上水改正の事業も上流の多摩地域にさまざまな取水制限をして、流末である東京府までの水量確保を目的とするものだった。

一方、北多摩郡の有力農民のなかには、上水で通船事業をおこない、東京との間の物資の大量輸送を計画する者もいた。通船のためにも、上水の流量を確保しておく必要があり、これがまた北多摩地域での取水（分水）を制限する一つの理由になった。この改定によって、北多摩を中心に玉川上水流域の村々では、分水量の制限とともに、これまで黙認されていた非合法の取水である「隠水《かくしみず》」が不可能になったため、かなりの減水となり、田畑に水不足を生じた。北多摩の村々は、田用水などの増加を求めて嘆願運動をおこない、四年には増水の許可を政府から引き出したが、用水不足の解決にはならず、その後も増水運動は続けられた。このように、維新直後から常に政府・東京府には、近代都市建設のなかで重要な視点である、水源地としての意識を多摩に向けていたことがわかる。多摩の農民たちの通船事業も、上水を汚すという理由で明治五年には禁止された。江戸時代、江戸市中と多摩郡周辺農民の生活を支えてきた玉川上水の水も、近代化による市街地の急速な発達によって、その水をめぐる規制のなかで各地域がどれだけ水を得られるかという厳しい状況に追い込まれていった。この状況が、先に述べた衛生問題と相まって、東京府の府域拡張の一因ともなっていった。

多摩三郡、東京府へ

明治二十六年（一八九三）二月、第四帝国議会に、多摩三郡の東京府移管に関する法律案が上程された。それまでも明治十四年（一八八一）には、玉川上水流域のみ東京府へ編入しようという案もあったが、神奈川県会での、特に自由党勢力の反対によって実現しなかった。しかし、明治十年代の度重なるコレラの流行は、東京府民の上水衛生管理を東京府がおこなえないという経緯から、移管の必要を求める世論をしだいに生み出していった。これに追い打ちをかけるかのように、明治十九年（一八八六）、西多摩郡長淵村（現青梅市）で、コレラ患者の汚物が多摩川に投げ捨てられたという新聞報道があった。実際には誤報だったが、これをきっかけに東京府による上水の衛生管理の必要性がさまざまな場面で主張されることとなった。また、甲武鉄道の開通によって、東京府との経済的関係が強くなっていくなかで、北多摩郡内には東京府編入を待望する声が高まっていた。

このような状況のもとで、東京府知事は北多摩郡・西多摩郡の二郡の東京府移管を神奈川県に要請した。この府の申し出に対し、内海忠勝《うつみただかつ》神奈川県知事は、南多摩郡も加えた多摩三郡をまとめて移管したいと回答した。神奈川県知事が多摩三郡の移管に対して積極的だった背景には、当時神奈川県会で自由党が、前年の選挙時の干渉を理由に、内海県知事罷免要求をおこなっていたことがあったと考えられる。知事としては自由党勢力の強い多摩地域を神奈川県から切り離すことによって、結果的に県会内の自由党勢力の弱体化を考えていた。同様にこの管轄替えが、国政の場においても、自由党の勢力を弱体化させることは明白だった。

　こうした状況下で、多摩の地域の側から、管轄替えに対して反対を唱える「多摩三郡町村長及び境界変更反対陳述書」が提出された。しかし、西・南多摩郡全町村が署名しているなか、北多摩郡で署名したのは、わずかに砧《きぬた》・狛江《こまえ》・立川・谷保《やほ》・中藤《なかとう》組のみだった。北多摩郡では自由党の分裂も絡み合って、「北多摩郡正義派」を中心に、移管「推進」の運動が展開されていたのである。これは、甲武鉄道が開通したことが北多摩の東京府との一体化をすすめ、他の二郡と比べ移管問題に対し、独自の対応に向かわせたものと考えられる。結果的に、わずか一〇日の審議で移管の案は議会を通過し、明治二十六年（一八九三）四月、多摩三郡は「東京府」の管轄となった。

武蔵県や千代田県——明治期の都制案と市制特例撤廃

多摩の移管以降、東京府の管轄地域は、区部と隣接五郡、多摩三郡、島嶼《とうしょ》と、ほぼ現在の東京都の範囲にあたる地域となった。前述のように、市街地と農村部での環境の違いが大きい東京府の財政は、区部と郡部のそれぞれ別々の会計と、区部・郡部共有の会計とによって成り立つ「三部経済制」を採用していた。東京市には旧七分積金を共有の財産として管理するという意識があり、その意味からも、同じ東京府とはいえ、郡部と一線を引く意識が強かったのである。また区部には、多摩の編入前の明治二十二年（一八八九）に「市制特例」のもとで東京市が発足していた。市制特例下の市制とは、府知事が市長を兼ねて、独立した市庁舎ももたないという、財産管理などいくつかの要素のみが権限として与えられている、制限された「市制」だった。東京市では、市制特例を撤廃し、都市に見合った地方制度の確立を目指そうという運動が続けられていた。そのようななかで、明治二十九年（一八九六）、第九議会貴族院に「東京都制案」が政府から提出された。その内容は、①東京市域に都制を実施し、隣接五郡と多摩三郡をあわせて新たに「武蔵県」を設置する。②都長官は官選（政府による任命）とする、というものだった。これに対して、自治権の拡張を求める東京市側から「都長は公選にすべきである」という主張が、また郡部側からは「都制実施区域に郡部も含めるべきである」という主張がおこなわれ、市郡双方が反対を表明し、衆議院でも大きな抵抗にあい、議会を通過することはなかった。

翌三十年、今度は東京市会の意向をうけた議員提案という形式で、「東京市制案」「千代田県設置法案」が提出された。内容は、①東京市域に制限をうけない一般市制を実施し、隣接五郡と多摩三郡には「千代田県」を設置する、②市長は公選とする、というものだった。この案では区域をめぐって市と郡が対立、また、都長官選を主張する内務省・貴族院の支持も得られなかったために、やはり実現にはいたらなかった。

結局、明治期にはいくつかの都制案が審議されたが、日の目をみることはなかった。市制特例によって制限を受けていた東京市は、都制実施を機会に、自治権の拡大を目指していったが、都制実現は果たせなかったものの、市制特例を撤廃することは認められた。明治三十二年（一八九九）十月一日、一般市制となった東京市は市役所を開庁し、「形だけの市制」からの脱却をようやく果たすこととなった。ちなみにこの日が現在の「都民の日」とされている。

大東京市と戦時体制

第三の誕生

関東大震災と復興計画

九月一日午前一一時五八分

隅田川を渡った両国横網《よこあみ》町——両国駅から江戸東京博物館、両国国技館のちょうど裏手に、関東大震災の被災者の鎮魂を込めた震災記念堂がある。戦後、東京大空襲の遺骨を合祀し、昭和二十六年（一九五一）に「東京都慰霊堂」と名称を改めた。震災当時、ここは本所被服廠《ほんじょひふくしょう》跡地で公園予定地とされ、空地となっており、そのために公園と多くの避難民が家財道具とともにここに避難してきた。しかし、ひしめき合う群衆の中で、荷物に飛び火し、逃げることもままならず、この場で多くの犠牲者が出た。これらの被害者に対して、昭和五年（一九三〇）に記念堂が建設されたのである。

図17　東京都慰霊堂（墨田区横網）

関東大震災と東京大空襲の犠牲者が祀られる．震災当時，多くの避難民がここで火災の犠牲となった．

大正十二年（一九二三）九月一日午前一一時五八分四四秒、まさに昼食の仕度時間にあわせるかのように大きな揺れが関東地方をおそった。マグニチュード七・九、震源地は相模湾北西部、特に東京市ほぼ全域と南多摩から西多摩の一部でも震度六以上の揺れをうけ、震源地に近い東京湾入口の震度は七に達した。揺れの被害にもまして市内はその直後に起こった大火災によって大きな被害をうける。安政の大地震後、防災という観点を都市計画に生かしきれずに、急速な発達をとげてきた市街地は、下町を中心とした木造家屋密集地に火災による被害をもたらし、焼死者だけで五万二〇〇〇人にのぼった。全壊一二万八二六六、焼失四四万七一二八、死者九万九三三一、不明者四万三四七六、首都東京は壊滅状態となった。一方、多摩地域でも町田町（町田市）原町田で六八〇戸中の一三〇戸が、鶴川村小野路では一九六戸中四六戸が倒壊するなど、特に南多摩地域で大きな被害が報告されている。揺れと火災がおさまっても混乱は続いていった。南多摩地域には東京市内や川崎・横浜などから、また北多摩にも東京市内からの罹災者が続々と避難してきた。

混乱のなかの狂気

東京は、通信手段、道路が寸断され混乱状況に陥ったが、当時、それを助長する要素が存在した。震災の直前の八月二十三日、加藤友《とも》三郎《さぶろう》総理大臣が急逝し内閣総辞職となり、二十八日に山本権兵衛《ごんべえ》に組閣の命が下されて九月一日に内閣親任式がおこなわれる予定であり、文字どおり「政治的空白期」であった。加えて八月二十九日は朝鮮の人々にとっての「併合屈辱日」で、さらに九月二日に共産主義青年同盟が国際青年デーを企画していたことから、治安当局が警戒態勢をとっていた。情報が寸断されるなかで、東京市以外との接触の方法は、横浜港内に停泊している船舶無線を利用するか、船橋（千葉県）の海軍省の送信所を利用するのみであったが、横浜港や船橋送信所までは、火災と瓦礫《がれき》の中を馬に乗るか徒歩で人が情報を持って行かなければならない状況であった。翌日の二日には東京市に戒厳令が敷かれ、食料品を携帯するもの以外は東京へ入ることが止められた。

このような混乱のなかで増幅したさまざまな流言が飛び交った。当時の警視庁や各警察署がキャッチした流言を並べると以下のとおりであった。一日午後、「富士山大爆発、噴火中」「東京湾沿岸に大津波来襲」「今後も大地震が来る」と自然災害に対する恐怖心からの流言が流されたが、しだいに「社会主義者および朝鮮人の放火多い」。翌二日午前、「不《ふ》逞《てい》朝鮮人の来襲がある」「昨日の火災の多くは不逞朝鮮人が放火、または爆弾を投げたのが理由らしい」「大本教《おおもときょう》教徒数千名上京中」。同二日午後、「市ヶ谷刑務所の解放囚人、潜伏、放火」「朝鮮人約二百名神奈川県寺尾山方面で殺傷・略奪・放火して、東京方面へ向かっている」「朝鮮人三千名、すでに多摩川を渡り洗足《せんぞく》村・中延《なかのぶ》付近で住民と闘争中」と、さながら実況中継のように次々と新たな流言が飛び交っている（警視庁編「大正大震火災誌」）。

また、東京から外部への情報も内務省警保局長の電信によって次のように伝えられた。「……東京付近の震災を利用し、朝鮮人は各地に放火、不逞の目的を遂行せんとし、現に東京市内に於いて爆弾を所持し、石油を注ぎて放火するものあり……」（海軍省文書『公文録』）。この情報をもとに地方各地の新聞も市内の流言と同様の記事を示すことになった。

東京の各村・町では在郷軍人団・消防組・青年団を中心に、さらに町会・夜警会・睦会《むつみかい》ほかの有志が集まり自警団が組織されていった。市部では五六二団、郡部は五八三団がつくられていたという（九月十六日段階調査）。これらの自警団がマヒした東京の治安維持をになうことになるのだが、実態はヒステリックな状況のなかで流言をうけ、多くの人々の命を奪うことにもなった。「横浜方面から来襲した朝鮮人の数は約二千名ですでに六郷の鉄橋を渡った」「軍隊は六郷河畔に機関銃を備えて朝鮮人の入京を遮断しようとしており、在郷軍人や青年団が出動して軍隊を応援している」「六郷をあきらめて矢口方向へ向かった」「大塚火薬庫襲撃の目的を持つ朝鮮人は、その付近に集合している」「朝鮮人、原町田に来襲、青年団と闘争中」「朝鮮人が目黒火薬庫を襲った」（警視庁編『大正震災記』）。言うまでもなく事実無根であるが、驚くべき広がりを見せた。

このような状況のなかで、自警団は辻々で「検問」を始め、亀戸では棍棒《こんぼう》で、千住町では日本刀で、巣鴨ではドイツ猟銃で、南足立郡花畑では竹槍で、荏原《えばら》郡大崎村では鳶口《とびぐち》で、多くの殺害がおこなわれた（「後藤文書」）。

流言に合わせて「町内電柱などにさまざまな印を付けて連絡を取り合っている」という情報が各地から警察署に伝わってきた。小石川牛込《うしごめ》の『時事新報』配送先の方向を示した「↑」や、四谷の下掃除（汚物処理）の解約を示した「△」印、あるいは芝三田一帯の『時事新報』の配達先を示す「㊋」印、品川の『朝日新聞』の配達を示す「Ⓐ」印などは、爆弾・放火を示す記号と噂され、大森の行商人の待合い場所を示す「㊉」は、投毒・放火を示すとされ、小石川で『やまと新聞』の配達先を示す「㋳」の印は殺人を意味するとされた。震災の恐怖は群衆の精神をかき乱していった。

震災後、これらの事件の責任を追及する声が諸外国からもあがった。このような朝鮮人に対する犯罪によって震災後に検挙された件数は、東京市で一三〇〇件、うち二九六件が送検となった。裁判は大正十二年（一九二三）十月から翌年二月までに一二一件おこなわれたが、実刑は三二名、さらに十三年一月の皇太子結婚によって多くが恩赦対象となった。
また、社会主義者に対しても、四日には川合義虎《かわいよしとら》ら八人と平沢計七《けいしち》ら二人を近衛師団習志野騎兵隊第一三連隊が拘束・虐殺した亀戸事件、大杉栄《さかえ》・伊藤野枝《のえ》が麴町憲兵隊甘粕《あまかす》正彦によって連行殺害された甘粕事件などの拘束・虐殺が起こされた。

このような状況下で理性を保つべきことを主張し続ける人々も存在した。一方で、自らの寺に朝鮮人をかくまって、その引き渡しを迫る住民を諭し、これを退けた寺の住職の話なども伝わっている。後に住民たちはそのときの住職の態度によって自らの行動を押さえることができたことに感謝したという。

一九九〇年代半ば以降、歴史的事実の検証と称しながら、意図的に戦後歴史学の成果を改竄《かいざん》する動きが存在する。自らの歴史の中には誇りも、後悔も共存する。この両面を的確に示すことから、次世代の者が、とぎれることのない歴史の流れを認識し、その続編を築いていくべきであろう。何を教訓としていくのかを選択し、学ばねばならない。戦前の歴史教育は「誇り」を著しく強調した。戦後、その均衡を保つために「後悔」の部分が示された。それは明治以降の歴史教育全体のなかでの均衡をとっていたのであり、決してイデオロギーの問題で済ますことではない。少なくとも教科書などで「後悔」の部分がしっかりと示されるようになったのは一九八〇年代から九〇年代のわずか十数年にすぎないのである。私たちは関東大震災において、略奪などが多くはなく、欧米人からこの混乱を理性的に過ごす姿を賞賛されたという誇りとともに、一方でここで示したような後悔すべき事実が震災時に起こったということも間違いなく東京の歴史の断片であることも自覚しなくてはならない。われわれが大切にすべきことは、これらの全ての事実から、今後何を考えていくかなのではないだろうか。

震災復興計画

『朝日新聞』の大正十二年十月十日の夕刊によると、震災被害総額は政府発表で約一一五億二〇〇〇万円、「日本は実に全国富の八分の一を失った勘定」になったという。東京の都市機能はマヒし、遷都論もささやかれた。翌日、山本権兵衛内閣が成立、内務大臣には前東京市長後藤新平が就任した。後藤は大正九年（一九二〇）十二月に東京市長に就任した。都市プランナーとしての能力を発揮した後藤は、翌年には東京市政要綱で下水・街路・港湾・公園・学校・市場など都市のインフラ整備のための総額七億五七五〇万円にのぼる都市改造計画を発表した。しかし、当時の東京市の年間予算額は一億数千万程度、国家予算ですら約一五億円の時代である。「八億円の大風呂敷」と言われた計画の実現は不可能であった。

都市としての構造に欠陥を生じていた東京の改造は、後藤にとっては国家的な最優先課題の一つとして意識されていた。後藤市長はニューヨーク市の市政調査会をモデルとして「東京市政調査会」をつくり、ニューヨーク市政調査会専務理事で元コロンビア大学教授チャールズ・ビアード博士を招き、行政担当官庁が都市計画・都市学研究をおこなう素地をつくった。後藤は一九二四年に市長を退任、後任には後藤の側近といわれていた永田秀次郎が市長となった。そして後藤自身は内務大臣に就任するまさにその時に、この関東大震災にぶつかったのである。後藤はすぐさま東京復興の四方針を掲げた。

①遷都を否定する。②復興費として三〇億円の要求をおこなう。③欧米の最新の都市計画を取り入れる。④都市計画遂行のうえでは安易な妥協をせずに、地主たちに断固たる態度をとり、不当な利益を生じさせないようにする。

そして、六日には閣議に「帝都復興ノ議」を上申し、「省」と同格の「帝都復興院」を設立させた。

さらに震災後、すぐにアメリカのビアード博士に協力を仰ぎ、博士から次のような電報を受け取った。"Lay out new street, forbid building within street lines, unify railway stations."（新しい道路を計画し、その道路計画地には建物を建てさせず、鉄道の駅の場所を決めよ。)

九月九日に後藤は予算総額四一億円の案を作成した。しかしその膨大な計画は一つの理想を示したものではあったがその域を出ることはできず、十一月一日の「帝都復興参与会」では財政的理由から、当初の三分の一以下に縮小された事業費一二億九五〇〇万円の案が提出された。大蔵省はこの案を了承し、政府原案となったが、その後「帝都復興審議会特別委員会」、さらに「第四七議会」など、議会を通過するたびに計画は削られ、ついには四億七〇〇〇万ほどに圧縮され、あげくの果てに「帝都復興院」自体の事務費までもカットされてしまった。

この「震災復興計画」は当初の原案を見ると、現代の東京の改造に関連・共通するさまざまな要素を示唆している。地下鉄網の建設、環状線、グリーンベルトを持った幹線道路の建設、将来の高速道路網の準備、河川と人の調和を唱えた公園建設、駅と広場……。彼らが早すぎたのだろうか。現実のなかで都市計画は縮小され、その計画を後世のわれわれは追いかけるかのように東京を掘り返し、固め、つくり直し続けている。私たちは二十一世紀にいたっても、ある意味では震災復興の幻の計画に追いついていないのだろう。

大正十三年(一九二四)四月三十日正午、目の前に国技館の丸屋根が見える隅田川のほとりに、市公園課職員の手で「浜町公園敷地」と書かれた杭が打ち込まれた。復興事業の第一歩である。縮小された計画のなかでも震災復興計画はさまざまな遺産をわれわれに残してくれた。自動車が走るという意識なしに江戸の名残で存在し続けていた幅の狭い道路網におおわれていた市街地に、昭和通り、大正通り（後に靖国通り）、さらに蔵前橋通り、清澄《きよすみ》通り、浅草通り、三ツ目通り、永代《えいたい》通りなどが新たにつくられた。また江戸以来、橋の数が少なかった隅田川に、新しいデザインの橋が次々と建設された。築地の海軍用地の跡地には日本橋の魚河岸が移転され、神田には青果市場がつくられた。また震災復興事業の末期には郊外を結ぶ幅二二～二五メートルの道路を一六本、環状六号・七号・八号とさらにその間に補助道路を一〇九本計画するなど、今日の東京の道路網のレイアウトはこの時にできあがっていたと言っても過言ではないだろう。

　一方で復興事業の計画からはずされた地域には、バラック長屋、なかには卒塔婆《そとうば》で骨組みを作るようなものが登場し、汚物だまりができたなかで生活を続けるという状況であった。このような悪環境の住居密集地を中心に、震災の翌年には腸チフスが蔓延し、都市計画不徹底の問題点をはやくも露呈していった。

市街地の拡大と市域の拡張

ベッドタウンと鉄道網の発達

各駅停車の東横線渋谷行き。祐天寺駅に到着、しかしあまりの圧力に、一度浮かした足は床に戻らない。降りたい人も、乗りたい人もままならないままに電車は駅を去っていく……。筆者の高校時代、二〇年近く前の、通学途中の一コマである。朝のラッシュ、特に長距離通勤が首都東京で働く人々を示すイメージとなって久しい。現代でも、およそ旧江戸の範囲、明治・大正の旧一五区の範囲内に集中してつくられた企業・学校などへの人々の毎日の大移動である。ここ一五年くらい、郊外への移転が盛んにおこなわれているといわれたものの、この構図は続いている。特に一昔前の上野・新橋・東京、さらには池袋・渋谷・新宿と、郊外と都心部の結び目のターミナルには、あふれるほどの人が供給し続けられてきた。確かにラッシュに東京都が緊急事態を宣言して対処していくのは戦後の高度経済成長期のころであるが、すでに第一次大戦のころにはこのような状況が生まれており、さらにその傾向に拍車をかけたのが関東大震災であった。大震災によって家を無くした人々、新たなスタートを余儀なくされた人々が市内から郡部へ大量に引っ越した。一時的な避難の目的で住み替えた人々も多かったが、そのまま定住する人々も多かった。

大正九年（一九二〇）には東京市（一五区）人口は約二一七万、隣接する五郡（ほぼ現在の二三区の区域）は約半分の約一一八万七〇〇〇人にすぎなかった。しかし、震災をへた昭和五年（一九三〇）には市内一五区は約二〇七万とやや減少し、対照的に隣接五郡は約二九〇万と、倍以上の伸びを示しているのである。前節で示したように震災復興計画の末期に郊外地域と市内の交通網の整備が意識されたのはこのような背景があったのである。また隣接五郡だけではなく、北多摩をはじめとする多摩郡へも人口流入が始まっていた。

このような状況を背景に、郡部の市街地形成と都心との鉄道連絡に力が注がれた。郊外の開発は、東急や東武などの私鉄資本が計画的に田園調布、成城学園、常盤台《ときわだい》などの開発をおこなうなど、鉄道の駅を中心とした新たな町が生み出されていった。そのような鉄道資本が中心となった宅地開発がすすむ一方で、世田谷などでは地域の地元地主らが中心となって鉄道誘致、区画整理などをおこなうところもあった。

東京府内の市部と郡部との関係も大きく変化していった。「郊外に住み、電車で通勤」という現代サラリーマンの典型ともいえるライフスタイルが一般化していくのもこのころである。その後、ほぼ横這いの市内一五区人口に対し、隣接五郡は年間三〇〜四〇万人という増加を示し続けていった。

さらに郊外と市内を結ぶ交通網は着々と建設されていった。震災後の大正十四年（一九二五）、山手線の神田—上野間の高架線が開通し、現在の「環状鉄道」となった。この山手線に結びつける形で、東京市から放射状に郊外へ延びる私鉄が次々と開通していった。東武鉄道、京浜電気鉄道（現在の京浜急行電鉄の前身）、玉川電気鉄道などはすでに開通していたが、明治四十四年（一九一一）から大正四年（一九一五）までに王子電気軌道（現在の都電荒川線）、京成電気軌道（京成電鉄本線、押上線など）、京王電気鉄道（京王線）、東武鉄道東上線（東武東上線）、武蔵野鉄道（西武池袋線）などが次々と開通した。さらに大正九年（一九二〇）から昭和六年（一九三一）までに玉川電気軌道広尾線（東急世田谷線やほぼ東急田園都市線の渋谷から二子玉川間のルート）、西武鉄道新宿線（およそ現在の営団地下鉄丸の内線の新宿―荻窪のルート)、池上電気鉄道(東急池上線)、目黒蒲田電鉄(東急目黒線と多摩川線のルート)、震災をはさんで東京横浜電鉄(東急東横線)、小田原急行鉄道(小田急小田原線)、西武鉄道村山線(西武新宿線)、帝都電鉄(京王井の頭線)が営業を開始する。このように東京府では、関東大震災の前後に現在の私鉄網の大まかなレイアウトができあがった。

新宿の発展

市部と郡部との関係が、昼夜間の人口移動という形で定着してくると、渋谷・池袋・新宿など、さらには目黒・蒲田・五反田などのターミナル駅がしだいににぎわいを見せてくる。特に新宿では多摩と市内の結び目として駅周辺の市街地整備をかねた再開発が東京市会でも取り上げられていた。当時の新宿駅周辺は、東側は近世の宿場町・内藤新宿以来の盛り場としてにぎわいを見せていたが、西側は明治三十一年(一八九八)につくられた淀橋浄水場が広大な面積を占め、ほかには大蔵省東京地方専売局淀橋工場があるだけで、これらの施設以外には発達の余地となる十分な土地も残されていないと思われていた。

大正十四年(一九二五)三月、四年がかりでつくられてきた新宿駅の新ターミナルが完成した。そして昭和四年(一九二九)には、この新宿駅が東京駅を抜いて乗降客数でナンバーワンとなった。このころの夕方のラッシュアワーの上位駅となった新宿・渋谷・目黒・大井・池袋・上野・大塚などでは、「連絡私線の電車は省電から降りた客を乗せ切れずホームにあふれるなど非常な不便と矛盾が発見された」（『朝日新聞』昭和四年五月二十三日）と報じられているように、市街地の拡大に交通機関の対応が後れをとっていることが示されている。

昭和七年（一九三二）、東京市会へ「東京市第二次水道拡張計画案」が提出された。この案には、淀橋浄水場の機能を西の境浄水場（現在の武蔵境）に移転することが示されていた。淀橋浄水場の後には、将来的に都市計画をほどこしたターミナルを構築し、鉄道と自動車の両方の輸送力を生かせるようなターミナル・ステーションとしての駅前スペースを確保することが計画された。さらには歩行者の安全にも配慮した立体的な構造、鉄道の乗り換えの便利さも含めてはじめての総合ターミナル・ステーションとしての計画がおこなわれた。この新宿ターミナルは先駆的な性格を持たせてすすめられたが、計画は戦前に広場や街路の大部分を完成させるが、浄水場の移転は戦後となる。しかし、そのことが新宿西口に戦後大きなスペースをつくり、高層ビル群、そして平成時代の都庁建設へと受け継がれていく。

多摩県構想

南多摩・北多摩・西多摩の三郡が神奈川県から東京府に移管されたのは、前述したように明治二十六年（一八九三）のことであった。このときの東京府の形態が、現在の東京都の範囲の原型になっているのではあるが、東京府の範囲が東京都になることについては、実はさまざまな試行錯誤の末のことで、まったく違う形態の東京都が生まれる可能性も存在していた。明治から大正、昭和と多様な形の「東京都」案が生まれては消えていったのである。いくつかの動きを以下に示してみたい。

①帝都制案　大正十二年（一九二三）、東京市が立案を委託した鳩山一郎らが「帝都制案」を衆議院に提出した。東京市（一五区）と市に隣接する五郡（現在の大田区・世田谷区などを含めた、ほぼ現在の二三区に当たる範囲）に都制を実施し、多摩三郡は神奈川県に編入するという案だった。この案に対し、多摩郡では東京市域からの経済的援助が絶たれることの地域経済への影響を恐れ、神奈川県復帰反対の運動を展開した。

②千代田県・武蔵県案　東京市域との経済的連携を前提に、隣接五郡といっしょに「武蔵県」を設置し、県庁を八王子におき、多摩を中心とした県をつくるという構想を考えた時期もあったが、隣接五郡が市の区域に編入される可能性が高まってくるにつれて、多摩三郡のみでは経済力などの弱さが際立ち、その点が考慮され消滅していった。

③東京都・多摩県案　大正十三年（一九二四）、内務省から非公式に出された「東京都制案」では、隣接五郡を含む区域が東京都とされ、同時に多摩三郡は独立して「多摩県」をつくるという「多摩県設置法案」が提出された。このときあわせて「東京都・多摩県組合法案」もつくられ、それまでの東京府時代と同様に、経済的な援助や新たに生まれる予定の東京都（現在の二三区域をイメージした範囲）との連携を多摩三郡にもたらすという条件が加えられていた。その面では、多摩の人々の心をとらえる部分もあったが、当時作成されたシュミレーションでは、三多摩地域が「多摩県」や「武蔵県」として独立した場合、その県は全国四七道府県のなかで、面積は四五位（「多摩県」より小さい県は大阪、香川）、人口は四三位（少ない県は奈良・山梨・鳥取・沖縄）、直接国税四六位（四七位は沖縄）、府県税四五位（少ないのは鳥取・沖縄）などという結果が算出されていた。多摩という地域的なアイデンティティーの見返りとしては、これではあまりに大きい犠牲であった。

このほかにも、さまざまな案に対して、多摩内部の地域利害関係も交錯し、次のような動きも存在した。

④立川県庁案　多摩県設置案に北多摩郡が中心となって賛同し、当時急速な市街化発展を示していた立川に県庁を誘致し発展をはかろうという動き。

⑤横浜都制案　横浜市長が「横浜都制」構想を出し、神奈川県郡部と多摩郡による新県構想が出された。このときには、今度は南多摩郡が八王子県庁を前提に積極的な行動をとった。

このように、情勢に応じて多摩郡内でも地域の利害をはらんでさまざまな動きがあったが、基本的には東京都制への編入の主張に一本化していった。

人口世界二位——大東京市の登場

隣接五郡が居住地域として発展し、昼間の東京市にいるのは東京市民以外がほとんどとなると、もはや「東京市」で起こるさまざまな問題は、一五区のみの対策で解決できる問題ではなくなった。都市の拡大は、そのまま東京市という行政区域の拡張に結びついていった。

昭和七年（一九三二）十月一日、東京市に隣接する五郡八二町村は、市と合併し、新たに二〇の区（品川・目黒・荏原《えばら》・大森・蒲田・世田谷・杉並・豊島・滝野川・荒川・王子・板橋・向島《むこうじま》・城東・葛飾・足立・淀橋・中野・渋谷・江戸川）が誕生した。旧市域の一五区（京橋・日本橋・神田・本所・浅草・芝・赤坂・四谷・牛込・麴町・深川・本郷・下谷・小石川・麻布）とあわせて、三五区で構成される新たな「東京市」が成立した。「東京市」の面積は旧市の七倍となり、人口は五〇〇万人に達した。人々はこの新しい東京市を「大東京市」とよんだ。東京は市としては人口でニューヨークに次ぐ世界第二位、面積でも世界第五位の都市となった。

「東京府民」の九三%が「東京市民」――市と郡の関係

この「大東京市」の成立は「東京府」という行政体の位置づけに微妙な変化をもたらした。隣接五郡が東京市となったことは言い方をかえれば、東京府のうちの多摩三郡と島嶼を除く地域が東京市となったのである。人口面でも府人口の九三%が東京市民となり、府の税額のうちの九六%以上を東京市が負担している状況となった。この状況は、「府」と「市」が別々に存在する理由は何なのかという疑問を生み出し、府と市という行政体が、二重行政をおこなっているとの指摘を受けることとなった。この東京府の存在する意味が問われるようになるなか、再び「都制」への検討が始まりつつあった。

一方、東京市の拡張によって、多摩郡に対する見方も「市に付属的な地域」として意識されるようになってしまった。多摩郡としては、経済的な面を考慮すると、東京市と行政体を離されてしまうことは何としても避けたい。従って、再び都制案が議論されるなか、多摩郡は、東京市と同じ行政体に存在する理由と必要性を政府にも世論にも示すことが必要となってきた。もちろん、これまでも多摩郡は東京市との一体化をアピールしてきた。

そのアピールは近い将来、多摩郡にも、東京市に合併されたかつての隣接五郡と同様に、東京市の市街地拡大が及ぶという予想を前提として主張する楽観的なものであった。しかし、現実には震災復興計画も一段落し、また連続する経済不況のなか、多摩郡の市街地化もかつてのようにはすすまなくなっていた。同年十月、東京市からの都制案調査を依頼された東京市政調査会の答申を発表した。答申の示す行政区画は「東京市の地域に東京都を設置」とされていた。また、当時の東京市会では「都制」問題の中心課題として、三多摩の帰属の問題よりも、都長が官選になるのか公選になるのかを議論するのが先決との雰囲気が多勢を占めていた。さらに同月、『東京朝日新聞』は「多摩県設置」論を報じ、『時事新報』は市政調査会答申の支持を表明するなど、世論では明らかに「都制三多摩除外論」が主流となっていた。一方、都制の早期実施を強くすすめようとしている内務省は東京市域のみでの都制案では多摩をはじめとする地域の反対が強く、意見の調整が難しいと考え、昭和八年「東京府域に都制施行、都長は官選」という都制案を提出した。当然ながら、東京市側はこの内務省案に反対する。すると今度は東京市側の動きに対し、多摩三郡が「内務省案賛成運動」を開始する。同月には「八王子市三多摩郡東京都編入期成会」が、東京市職員の内務省都制案を妨害している運動に対して警告書を提出するなど、市や市政調査会と真っ向から対立していた。結局この案は、審議未了、廃案となり、以後も数度、内務省案が提出されるが、争点としては同様の部分で成立しないままに推移していった。

戦時体制と東京都制

東京都制案と多摩の緑地

明治以来、東京都成案をめぐっては、東京市側と郡部側の綱引きが相変わらず続き、そこに衆議院や内務省を巻き込んで、膠着状況が続いていた。しかし、世論的には東京市のみでの都制実施が勢力を強めていた。このような状況のなか、多摩郡は「大都市の過密は緑地を活用することで解決する」と主張し、都市計画における公園・緑地の必要性を拠り所に運動を組み直し、都制編入運動への巻き返しをはかっていた。この多摩郡の主張にとって、追い風となったのが昭和十四年（一九三九）の東京緑地計画協議会の示した「東京緑地計画」であった。大都市の外側を囲むように緑地帯をつくり、都市の拡大を抑える「グリーンベルト構想」を取り入れたこの計画は、多摩三郡の自然を「緑地帯」としてアピールし、「ゆえに都市計画に多摩郡は必要不可欠な要素である」という主張を前面に出しながら都制編入運動を続けていく。

しかしこれらの長期にわたる課題は、当初予定しなかった形での結論が示されることとなる。それは、太平洋戦争の激化とともに示されていった「首都防衛体制強化」という視点であった。多摩の緑地が、防災的観点から注目を浴び、空襲などの災害避難地、軍需産業、軍事施設の移設地として都制に必要と考えられていった。昭和十七年（一九四二）十一月、「東京都制案」が閣議決定され、翌十八年三月に議会を通過し、七月一日より施行されることとなった。都長は官選で、東京市の主張してきた自治的な側面は時局から取り入れられず、地域的にも実施をスムーズにおこなうために、多摩郡や島嶼を含む東京府の範囲での都制施行となった。

都制発足時の東京

都制が施行された昭和十八年（一九四三）は、一月にはジャズなどの「英米音楽」一〇〇〇種が禁止、六月には山本五十六《いそろく》の国葬がおこなわれ、また食糧難から昭和通りの植樹地帯が畑に変えられるなど、戦争による閉塞感が無意識のうちに人々の心の中に進入していった時期であった。上野動物園の猛獣が空襲に備えて「処置」されたのも、また神宮外苑で学徒出陣壮行式がおこなわれたのも、この年のことであった。

発足した東京都の初代長官には大達茂雄《おおだちしげお》が就任した。当時戦時にふさわしい体制を築くことを目的とするなかで、行政手腕に長けた者ということで内務省地方局長の古井喜実《よしみ》が内閣書記官長唐津俊樹に大達を推薦し、内務大臣安藤紀三郎が総理大臣東条英機《とうじようひでき》と相談して就任を要請した。東京都の成立は単に一行政体のリニューアルではない。戦時の全国地方行政の効率化を目的とした地方行政協議会が、東京都制施行と同時に設置されている。地方行政協議会によって、全国は九つの地区に分けられ、東京都長官はその関東地方行政協議会の長となり、大きな権限を持つこととなった。このように都制は、戦時下の国内行政制度の効率化の一環をにない施行された。就任当初の大達長官の記者会見では、①大東亜の中心都市としての東京都の構想、②必勝のための具体的行政、③一時的事務の渋滞や人事再編などの影響について、④地方行政協議会長としての抱負構想と都としての特殊性について、などの質問が寄せられた。①②については時局がらの回答が返ってくるが、特に②の具体的施策として大達は「都民生活の安定」「防衛」を「重大な二つの点」としてあげている。実際に就任直後に大達は、「首都防衛」「食料確保」「糞尿始末」の三つを政策として掲げた。食料統制下の都民の買出しは千葉・茨城方面で厳しい取締りが始まり、半減する状況であったが、昭和十八年末には比較的取締りが緩やかであるといわれる伊豆方面や埼玉・群馬方面へ買出しが殺到し、この年の暮れには列車遅延の事態を引き起こす状況であった。また、糞尿も江戸時代以来、近郊農村の肥料としての需要が一定に均衡を保ち、ある意味でのリサイクルが機能していたが、このころは市街地の糞尿を郊外へ運搬する人もトラックも、またその燃料も事欠く状況となり、蓄積された糞尿の始末は深刻な問題となっていた。そこで大達は西武鉄道の堤《つつみ》康次郎《やすじろう》へ協力を依頼して、市部西北部を中心とした一〇〇万人分の糞尿を西武電車によって郊外へ運搬する方策を採った。

一方、物資の不足は徐々に深刻な様相を深めていた。明治期に一部の地域で自然発生的に登場した町内会は、日中戦争の過程のなかで、行政上の補助機関として位置づけられて「町会隣組」として再編されていった。それらが昭和十八年三月の大規模な地方制度改革により、「町内会制度」が法制的な裏付けをしっかりと与えられることとなり、生活物資の配給にかかわる末端行政機構としての役割を全面的に求められることとなる。

学童疎開

大達長官が示した方針のうち、「首都防衛」に関する方策については、この年の十二月、「都市疎開実施要綱」が策定されている。住民や建物を地方に分散させる疎開計画である。特に老人・幼児・学童の縁故《えんこ》疎開《そかい》をすすめるものであったが、実際には翌十九年（一九四四）四月までに七〇万人いる東京市内の学童のうち、七万五〇〇〇人ほどしか疎開がすすまなかった。東京都は五月、疎開促進のために都立の養護施設、中等学校などの夏季施設を利用し、一〇〇〇人の集団疎開を実施、さらに七月には「学童疎開実施要綱」を策定し、学校単位の疎開を促す計画を軌道に乗せ、八月四日にその集団疎開児童第一陣が東京を出発した。当初、多摩郡や埼玉、静岡、宮城など関東・東北一二県へまたがる疎開地を確保し、計画を実行した。ところが空襲の危機感がしだいに高まって疎開希望者が二六万人に達し、実際の東京都の計画人数を大きく上回ってしまったために、疎開先として富山県が追加された。その後、空襲が頻繁かつ広範囲におこなわれるようになると、三多摩など東京市近郊では疎開先自体が空襲の危険にさらされるようになり、より遠くへ再疎開する必要が出てきた場所もあり、また疎開対象とされる年齢の低学年化もすすめられていった。疎開先は寺や旅館などが中心となり、家族から離れる孤独感と集団生活によるストレスは児童らを苦しめたが、もちろんそれらをおもてに出すことは許されず、また引率教員の負担も非常に重いものとなっていた。

また、密集地や幹線道路周辺の「建物疎開」もすすめられた。昭和十九年（一九四四）一月二十六日には渋谷駅前の密集家屋が除去され、蒲田区蒲田では五〇〜七〇メートル幅の、上野や浅草などでは一〇〇メートル幅の空き地帯がつくられていった。軍需工場の疎開も密かに始められていた。蒲田区にあった三井精機工場も昭和十八年ごろから施設担当者であった藤野孝蔵が山形県西山郡左沢《あてらざわ》にはいり、地域の有力な旧家であった五十嵐甚次郎などと親交を結びながら、工場の建設予定地を探していた。孝蔵は地域の祭祀《さいし》などにも参加し、親交を深めながら、また労働力として朝鮮人労働者を参加させながら、地下工場建設を着々と軌道に乗せていった。彼らの一家も疎開をかねて二十年に左沢へやってきて五十嵐家の納屋《なや》を借りて生活を開始するが、工場建設は途中で終戦を迎えることとなる。このように空襲からの疎開による工場移転は、本土決戦という別の要素を加え、戦争の最末期に加速度的に具体化がすすめられたのであった。

昭和十九年、サイパン陥落（七月七日）より半月あまり前の六月十五日、小笠原諸島への大空襲があった。また同年六月三十日から七回にわたって島から本土への疎開がおこなわれていた伊豆諸島でも、十九年九月から疎開を受け入れない住民への説得が開始された。

東京の軍需工場

東京都が成立した時期は、戦争末期の二年間である。戦況の深刻さにつれて戦時体制の効率化が次々とすすめられていき、東京の景観をも少しずつ変化させていった。戦時に向かう過程で東京市街地の拡大とともに、旧東京市内から南部の多摩川の下流地域（現在の大田区など）や東多摩地域（現杉並区や武蔵野市など）への工場進出が進んでいた。特に軍需工場がこれらの地域に密集していた。蒲田区（現大田区）の下丸子《しもまるこ》・矢口・羽田などの多摩川沿岸地域は、機械工場の密集地となっていた。また多摩地域では立川飛行場の設置によって立川飛行機会社、昭和飛行機会社などがつくられていた。また軍の航空機のエンジン製造を中心として昭和十二年（一九三七）に武蔵野町（現武蔵野市）に設置された中嶋飛行機武蔵野工場は、十四年に設置された多摩工場（武蔵野町）と十八年に合併し、昭和十九年（一九四四）三月時点で従業員数三万七五七〇人、多くの下請け工場を持つ東京近郊では中心的な軍需工場であった。工場は二ないし三交代制により二四時間態勢での製造がおこなわれており、敷地内には病院、郵便局などの施設が整い、機械運搬用に鉄道が敷かれていた。しかし、これだけの規模ゆえにアメリカ軍の空襲のターゲットとなることは避けられなかった。『アメリカ陸軍航空部隊史』によると第二一爆撃機集団の定めた日本本土の空爆の「第一義的諸目標」では主要発動機製作所を優先的に攻撃することが示され、その個別の工場の攻撃優先順上位三つは、「三菱製作所名古屋発動機製作所」「中嶋飛行機武蔵野製作所」「中嶋飛行機多摩製作所」と記載されていた。

サイパン陥落、多摩郡軍需工場地帯と東京市部の空襲

「グアム・サイパン」と日本からの観光地としてひとくくりにされるこれらの島々。しかし、行ってみるとずいぶん様子が違う。アメリカ資本のもと、まさにアメリカ文化のなかで育ってきた印象を持たせるグアムと、料理や景観から、土地に刻まれた日本人の生活を感じるサイパンとでは、その歴史的変遷に興味を持たざるをえない。この地での日本支配に対する評価はさておき、現地のチャモロ料理も醬油味をベースに発展した料理が多く、第一次世界大戦以来、「委任統治領」の名目で日本がこの地を支配下においていたころから、数多くの日本人移民がこの地に確かな生活を根づかせていたことが感じられる。サイパン島に入ると、メインストリートから海に戦車の残骸が見えた。本島から少し船でわたるリゾート観光地のマニャガハ島でも、にぎやかな観光客の到着する桟橋のつけねには、海の中に半分沈んだ兵器の残骸が、魚の楽園に役割を変えて残っている。サイパン島から飛行機で一五～二〇分ほどで到着する隣接する島で、現在急速に観光地化がすすめられているテニアン島にも、半世紀をこえた今でも戦時の様子はところどころはっきりと情景が残っている。島の中央部は旧日本軍の空港が、所々はがれたコンクリートとともに現在も広大な敷地を保ったまま残っている。その片隅に二本、ヤシの木が植えられている場所が

図18　サイパン島に隣接するテニアン島の空港あと

かつて日本軍の空港だったが，アメリカの手に渡って以後は，日本への空襲の拠点となった．写真は原爆搭載場所．

である。あの米空軍の重爆撃機エノラ・ゲイが原子爆弾を持って飛び立った場所である。滑走路の周りはジャングルが囲み、海をここから目にすることはできない。しかし、確実にここから遠く日本へ向かって数多くの爆撃機が飛び立った過去がある。昭和十九年（一九四四）七月七日、サイパン島の日本守備隊は全滅し、島北部の断崖から追いつめられた兵・住民が自ら命を絶つという悲劇が起こった。サイパン島がアメリカ軍の手に渡ったという事実は、アメリカ軍の爆撃機が日本本土のほぼ全域を燃料補給なしに往復できることを意味する。以後、東京のみならず日本全土は無差別爆撃にさらされることとなる。

昭和十九年十一月二十四日、米軍機四六機が飛来し、東京武蔵野の中嶋飛行機製作所への爆撃を開始した。高性能爆弾三一九個七九トン、焼夷弾《しょういだん》一三〇個三三トンが投下され、この日の爆撃だけで七八名が死亡した。当時、中嶋飛行機に機械工として勤務していた高橋義恵によると、当時つくられていた工場内の地下壕の中で、空襲のさいに若い従業員がかなりの人数命を落としたのを記憶しているという。また近隣の民家にも被害が及び一面の大根畑の中に着弾し、爆風とともに大きな穴が生じ、さらに相当離れた場所に遺体が逆さまに地面に刺さっていたという。以後、中嶋飛行機は終戦直前まで九回にわたる爆撃を受け、全面積の八〇%を消失、従業員死者は一七〇人にのぼった。それまでも、すでに主要施設のほとんどを地下壕に収納していたが、爆撃の激しさのなか、軍の指導により工場疎開をおこなうこととなった。一時は「満州」へという話も出たが、結果的に三重県四日市の東洋紡績の工場を買い占め、ここに工場疎開することが決定された。工場移転のさなかも、中島飛行機製作所は激しい空襲にさらされた。武蔵野工場で伍長や組長を勤めた高橋は十九年の暮れに三重工場へ出発したが、その日の夜、工場は再び激しい空襲を受けることとなる。高橋の娘の民子の後年の手記によると「父が四日市に行った夜、お風呂場のガラスが割れ、私のところから正面に燃えている有様がまじまじと見えた」と、この日の激しい空襲の様子が記されている。十二月十八日、東京都は、立川・武蔵野・三鷹・田無・保谷を疎開地域に追加した。高橋の妻まさよと幼い姉弟は、まさよの実家の山形県左沢《あてらざわ》へと疎開をすることになるが、疎開に向かう善福寺池畔から吉祥寺駅への道に「大中小の穴」が目に付き、さらに飛来した飛行機から「歩いているわきで焼夷弾（機銃掃射か）が追いかけるように降ってきた」ことが手記にのこされている。このように昼夜をとわず、また歩行者に対しても、激しく日常的な空襲が軍需工場付近を中心におこなわれていた。これらの空襲は昭和十九年七月にサイパン島が、さらに隣接するテニアン島がアメリカ軍の手中に収められ、日本本土の大部分がアメリカ軍爆撃機の制空圏内に収められたことによって激しさを増していった。そしてこの島の飛行場から翌年の東京大空襲、そして原子爆弾が制空権を奪われた日本の上空にもたらされることとなる。

昭和十九年の秋から二十年にかけて、東京に連続的に大規模な集中攻撃が加えられた。なかでも「東京大空襲」とよばれているのが三月九〜十日にかけての空襲である。当時、連合軍は沖縄上陸を目指して沖縄周辺に集結していた。東京への空襲はこの沖縄戦支援の要素も持っていた。大きな工場の疎開がすすめられていたとはいえ、当時も東京都は中小の工場の集合体として大きな生産力をあげる地域であった。その小規模な家内工場の集中地域が下町である。この空襲で、本所・深川・浅草・京橋・日本橋・神田など旧東京市の四割が消失した。罹災者は群馬、長野などへ集団疎開した。また四月十三〜十四日にかけて、今度は豊島・淀橋・小石川・四谷・麴町・赤坂・渋谷・牛込・荒川・滝野川地区など山の手地域を中心に爆撃され、さらに五月二十四〜二十五日にかけて東京中心部から広域にわたる大規模な空襲がおこなわれた。区部はこれらの空襲によって壊滅的な打撃を受けた。多摩地域にも波状的に攻撃が加えられ、武蔵野・立川・八王子などでは大きな被害をともない、特に八王子では市域の八割が消失した。

被害のデータは、帝都防空本部資料、警視庁発表、東京都援護課、『都政紀要』のものなど、必ずしも一致するものではない。しかし、およそ死者一一万五〇〇〇人以上、負傷者一五万人以上、家屋の被害八五万戸、罹災者数三一〇万人、空襲回数は一二〇回以上、のべ一万機による爆撃によって市街地面積の半分以上が消失するという被害を記録している。

再出発、そして未来への課題

第四の誕生

八月十五日と瓦礫の山

占領と接収

八月十五日、玉音放送によって戦争の終結が国民に知らされ、九月二日、アメリカ戦艦ミズーリ号上で降伏文書の調印がおこなわれた。当初、日本政府はアメリカ軍の進駐をできるかぎり神奈川県内でとどめようとの策も持っていたが、早々にその期待は消え、進駐軍は八日に原町田、府中、調布をへて東京市内へ入ってきた。進駐軍の東京進駐の初期の目的は、立川飛行場をはじめとする多摩地域の軍事施設や軍需工場を占拠することであった。

当時のアメリカ軍の一兵が、郊外から進駐するさいに撮影した映像を見ると、進駐軍の進路を警備する任務を命じられた日本軍の兵隊は、進駐軍にひたすら背を向け微動だにしない。住民もほとんど姿を見せない。静かな止まった空間の中で着々と時代の針だけが刻み込まれているような進軍であった。東京市に到着したアメリカ軍は、午前六時半には早くも一四五〇名が代々木練兵場に到着、ただちに兵舎の建設にとりかかり、六〇〇名がアメリカ大使館に、九時四〇分には一五〇名が帝国ホテルに、一〇時には二〇〇名が第一ホテル、三三〇名が月島埋立て四号地に到着、ただちに配備させるという慌ただしさだった。翌十月には連合軍総司令部（GHQ）が、横浜から皇居の堀端の第一生命ビルに移された。焼け残った主な他の建物もGHQに接収された。特に洋式トイレを持つ建物は、GHQから国と東京都に、あらかじめリストアップをしておくようにとの指令があり、その作り上げたリストに従って、GHQの将校とアシスタント兵士二名に加え、東京都の渉外部長が先導を命ぜられて建物の所有者をまわり、その場で四八時間以内の明け渡しを通告するという強引なものであった。リストアップされた洋式トイレを持つ建物は基本的に例外なくすべて接収の対象となった。国有施設も代々木練兵場跡地（後にオリンピック選手村となり、現在は代々木公園となっている）や成増練兵場跡地（光が丘住宅団地）は進駐軍兵士用住宅のワシントン・ハイツ、グラント・ハイツに、陸軍立川飛行場（のちに軍用地拡張にともない住民と対立、基地反対運動の「砂川事件」へと発展した。現在は返還されて昭和記念公園となっている）や多摩飛行場は、それぞれアメリカ軍立川基地、横田基地に、その他通信施設、弾薬庫と旧軍関係の施設はことごとく接収されていった。また都の施設である東京港、中央卸売市場、日比谷公園などもこのときにＧＨＱに接収された。これらの施設の多くは、その後、一九六〇年代までに返還され、都市計画や経済政策のなかで大いに利用された。また、高度経済成長期の後に返還となった一部の地域は、まとまった広さの土地が取得しにくくなったころに広大な土地として確保されることになったため、大きな公園などの都民生活の財産として残されることとなった。

必死に生きるための日々

戦争は八月十五日に終わったが、人々の生活戦争はこの日を境に始まった。東京は度重なる空襲によって都市機能を破壊され、罹災者は三〇〇万人と推定された。都民人口もこの年の十一月一日時点で、二七七万七〇一〇人となり、「八〇〇万都市」「世界第二の都市」と豪語していたピーク時と比べて、実に三分の一へと激減していた。各区別の人口を比較し減少の特徴を見てみると、前年から二〇万人以上の減少となっていたのが荒川区・本所区・蒲田区などの工場地帯であり、住宅を中心としていた世田谷区は二万七〇〇〇人の減少にとどまっている。城東・城南地区が空襲のターゲットであり、さらに工場・住宅の密集地であったことがその要因である。

また人口の内訳は、男性が一四三万九九二八人、女性が男性より一〇万人以上少ない一三三万七〇八二人であった。人々はまだ疎開先にとどまっている状態であった。まさに「瓦《が》礫《れき》の山」からのスタートである。単なる物不足というだけではなく、流通機能の麻痺が深刻な食糧難を生んでいった。昭和二十年（一九四五）の米配給量は一人あたり一日「二合一勺」（約三一五グラム）で、この年の秋の米の流通量は、戦前が六二〇〇〜六三〇〇万トンであったものが、四〇〇〇万トンを割り込む状況であった。この深刻な生活物資の不足の補給源となったのがヤミ市であった。すでに敗戦五日後に新宿に「ヤミ市」とよべるようなものが登場したという記録が新聞に残っている。

復興も当初は思うようにすすまず、この年の十月の新聞には「銀座の一部の地域は、進駐軍兵士相手を足がかりに盛り場としての復興をスタートしていたが、基本的には復興させようにも資材不足で足踏み状態であり、新宿では公認のマーケットによって集まった人々をきっかけに周辺に露天商が集まり、ヤミ市も形成されていったが、上野駅周辺では数千に上る浮浪者が集まり、上野署管内のみで一日平均五、六人が行き倒れ、鉄道自殺者が一件」という様相が記されている。翌二十一年二月二十四日の記事でも、「山手線のガード下には焚き火をして夜を過ごす人々が、始発電車の騒音とともに駅で一〇銭の切符を購入し、車中で暖をとる」「上野周辺では防空壕がアパートのような状況となり、警察署には命を任せると駆け込むものがあり」という状況であった。警視庁報告によると、この年暮れに都下に存在した仮小屋や壕に住んでいる人々数万を調査した結果、「越冬できぬ有様」と考えられた人々が五九三六人であった。

一方、学校は早々に授業を開始したが、校舎が焼失していたために、焼け跡のビルや工場跡などを利用していた。もとの校地に戻ろうとしても、そこには焼け出された人々の仮設住宅が建ち並び、これらの人々の生活との共存をはかるため、校庭に廃車となったバスや電車などを運び込み、校舎代わりにしているところも少なくなかった。午前と午後に分けた二部制授業、七〇人学級というのも珍しくはなく、教科書すらない状況ではあったが、ともかく教育の復興はスタートし、混乱した状況のなかで、昭和二十二年（一九四七）には六・三制への移行が始まった。

戦災復興計画

八月十五日の終戦の詔勅が発表される数日前、内務省国土局計画課長の大橋武夫はポツダム宣言受諾の見通しを事前に知らされていた。そして日本の政治史上、最も緊張を高めていたこのころ、すでに舞台裏では官僚数名が秘密裏に復興計画の策定をスタートさせていたのである。昭和二十年（一九四五）十二月、「戦災地復興計画基本方針」が策定され、翌二十一年九月には「特別都市計画法」が公布された。なによりも、何も先が見えない絶望と不安のなかから、東京の将来像を手探りで模索し、復興を心に描きつつ計画案を策定するという、きわめて困難な作業であった。そして、江戸幕府以来の都市基盤をベースにしたまま、近代の首都としての役割を果たさざるをえなかった東京にとって、関東大震災の後、後藤新平が「震災復興」で果たしえなかった事業を補完し、戦前の諸都市問題を解決する機会でもあった。

戦災復興計画のなかで、特に東京の都市計画に関して示されたのは次の部分である。

○市街地の外周に緑地地域（グリーン・ベルト）を設ける。
○市内の河川沿いに公園緑地を貫入させる。
○市内に一〇〇メートル、八〇メートル幅の道路を基幹道路として設ける。

しかし現実には、生きることに必死であった時代である。計画を取り巻く環境は、かつて関東大震災当時、震災復興計画が大幅縮小によって有名無実化した時期よりも、さらに比べものにならないほど厳しい状況であった。

まずは人が住める、あるいは建物を建設できる状況をつくり出さなければならない。対処しなければならなかった第一の課題は、市内の瓦礫の処理であった。瓦礫の処理は敗戦直後の昭和二十年九月から着手された。当初は地下への埋込みですすめられていたのだが、それすら早くも二十二年度には予算が付かずに停滞した。二十三年度以降は計画を変更して、不要河川への埋立てによる処理に切り替え、東堀留川、三十間堀など、翌二十四年度以降は真田濠、浜町川、六間堀などに加え、州崎沖干拓地の埋立てに利用し、二十八年度末に終了した。このように都市再建の端緒ともいえる瓦礫の処理すら予算的に行き詰まるありさまであった。

昭和二十三〜二十四年は戦後日本にとって、大きな転機となった時期である。冷戦構造が朝鮮半島を中心に、東アジアでも表面化するなか、昭和二十三年（一九四八）一月、ロイヤル米陸軍長官の「日本を共産主義の防壁とせよ」という演説を起点に、占領政策の急旋回がなされていった。インフレの進行によって経済復興のスピードが上がらない日本において、社会主義勢力の伸張を制御する意識が高まるなか、第二次吉田内閣に対して予算均衡・徴税強化・賃金安定・物価統制などを骨子とする「経済安定九原則」の実行が、GHQより指示された。翌二十四年には、銀行家ドッジが特別公使として来日し、経済安定九原則の実行施策を強力に指示・推進する「ドッジ・ライン」が開始された。

このドッジ・ラインのなかで、戦災復興計画はまさに犠牲とされていった。大幅な均衡予算のなか、東京は全国で最も大幅な計画の圧縮を余儀なくされ、たとえば幅一〇〇㍍、八〇㍍の道路計画は「全廃」となった。計画実施面積も二万〇一六五㌶から半減、さらに昭和二十五年（一九五〇）に、四九五八㌶へと事業縮小がおこなわれた。さらに縮小された計画も、実に一〇〇〇㌶、五分の一ほどが二十一世紀を迎えた現代でも未実施という結果に終わる。結局、これらの計画は、基本的には都心部を走る山手線、京浜東北線、総武線の駅前地区の開発整備に関してのみで実施されることとなった。

新都政の開始

特別区政と都知事選挙

昭和二十一年（一九四六）七月、第一次地方制度改革がスタートした。政府から示された地方新制度案の骨子は、①地方議会議員の選挙権および被選挙権年齢の引下げ、②住民直接参政の権利の拡充、③地方議会の権限拡充、自立性確立、の三点にまとめることができる。

東京都に関しては特に、④都長官、各首長の直接公選制原則、⑤東京の区部に最大限の自治権を与える、という項目が備わっていた。都制改正案等は、同年九月に公布、十月五日施行となった。これにともない翌二十二年三月十五日には区部三五区が合併し、二二区制がスタートした。当初は七区案、十数区案、二二区案などいくつかの原案があったが、

ＧＨＱが参考意見として二二区制を指示したことでこの案に決したといわれる。旧区からそのまま新区となったのが目黒、世田谷、渋谷、中野、杉並、豊島、板橋、荒川、足立、葛飾《かつしか》、江戸川の一一区、合併統合されて誕生したのが千代田（神田区と麴町区が合併）、港（芝、赤坂、麻布）、品川（品川、荏原《えばら》）、大田（大森、蒲田）、文京（本郷、小石川）、新宿（牛込《うしごめ》、四谷、淀橋《よどばし》）、北（王子、滝野川）、台東（浅草、下谷《したや》）、墨田（向島《むこうじま》、本所《ほんじょ》）、江東（城東、深川）、中央（日本橋、京橋）の一一区である。しかし、合併対象となった区域ではさまざまな利害関係が感情的な軋轢《あつれき》を生んでいた。特に新区の名前の選択となるとなかなかまとまらず、合併する区の一文字ずつをとって「大田」、地域出身の都議会副議長が港湾委員長だったので「港」、台地上の上野が文化の中心地だったのでそこから東へ広がる地域で「台東」など、さまざまな形で決着がはかられたようである。また同年八月には板橋区より練馬区が分離独立し、現状の二三区となった。

また初の首長公選選挙、東京都知事選挙に向けての事務もすすんでいた。二十二年三月には安井誠一郎都長官が立候補にともなって一度辞任し、四月五日に東京都知事選挙が実施された。結果は安井が当選し、初代東京都知事となった。票の中には「安いお米をせい一ぱい」と書かれたものもあったという。この落書き票の存在を知らされた安井は、当選直後のインタビューで「……私にはシャレた返事のしようもないが、四五〇万都民の公僕として地道に誠実に考えている。組織としては東京都だけが中央政府と違った行政手段に出ることは許されないが、自ずから政治的な手は打てると思う、天降りの行政官ではないんだから、ぶっつかるべきなら政府ともぶっつかろう、連合軍にもお願いしよう、とるべきならば民主党だろうが、自由党だろうが、社会党だろうが良い政策はとる……」と答えている。明治以来「官選」「公選」という論点を常に持ち続けてきた「東京都制案」の過程に、一つの決着をみた「公選知事」として、安井自身のみならず、当時の社会全体の認識が感じられよう。また、同日、新二二区の区長も選出された。

さらに日本国憲法で地方自治が一つの章として位置づけられたことに整合性を持たせる意味で、第二次地方制度改革がおこなわれ、二十二年三月に「地方自治法」が帝国議会へ提出され、可決後四月十七日に公布、日本国憲法にあわせて五月三日に施行された。この憲法施行時の東京都の行政組織は二二区二市一九町六五村であった。区長も都知事と同様に公選によって選出されたが、のちに都制と区政の政策の統一性が問題視された「都区調整問題」によって、地方自治法が昭和二十七年（一九五二）八月に改正され、区長は都知事の合意をもって区議会が選任することとされ、区長公選制は一時消滅した。区長の公選制復活は昭和五十年まで待たねばならない。

町村合併　日本国憲法、地方自治法によって市町村には、教育、社会福祉などの事務処理が委託されることとなった。しかし、現実は「町数一万二〇〇〇、平均人口五千余人、しかもそのうち六〇%が平均人口に達しない」ありさまであった。この状況では、市町村が委託された事務を恒常的に処理することは財政的に難しい。シャウプ税制勧告の一環として、地方自治を確立するためには市町村事務の効率化をすすめることが必至であった。昭和二十六年（一九五一）一月、政府は人口七〇〇〇〜八〇〇〇人程度を目標に、町村の合併を促進することを各都道府県に指示し、二十八年には町村合併促進法を制定、「三年間で町村数を三分の一に」する計画を掲げ、事業に拍車をかけた。同年発足した東京都町村合併促進審議会では、二十九年八月に次のような基本方針をとりまとめた。①人口八〇〇〇人以下の町村解消、②自然的要件、社会的要件、経済的要件への考慮、③島嶼は原則一島一村。

このような方針をもとに東京都町村合併促進審議会は、当時五市七九町村であった東京の町村を八市三三町村へと統合する目標を示し、東京都に答申を提出した。①のように具体的な目標を掲げるも、一方で②のように決して画一的ではなく、これまで培われてきた

「地域の要件」を無視することなく取り入れていこうという姿勢は、大区小区制など明治以来試行錯誤を繰り返してきた地域区分のノウハウの蓄積であるといえよう。

答申を受けた都知事はこれをもとに、さらに一歩踏み込んだ計画案を策定、その目標を一一市二五町村と掲げ、事業に入った。結果、町村合併法が廃止となる昭和三十一年（一九五六）九月時点で、東京都は八市三九町、各市町の平均人口一万三〇三七人（事業前の一・七三倍）、平均面積二八・五平方粁（同一・六六倍）。合併直前に新市名をめぐって折り合いがつかず、急遽合併が中止となってしまった三鷹市・武蔵野市という例もあるが、それでも、当初の町村合併促進審議会の答申を上回る数値を実現した。その後三十三年二月には町田市が成立し、これに加わった。

都市計画と東京の膨張

昭和二十三、四年になると、東京の人口は予想以上のペースで回復していった。東京都への転入抑制策を解除した二十四年一月は、ひと月で一万人以上の人口増となった。実際は、これまでも東京に住んでいたものが、正規の転入手続きをとったために実体は変わらず数値だけが増えていくというケースも多数含まれていたのだが、疎開者や引揚げ者なども増え、予想以上の速いペースで人口流入がすすんでいった。しかし、その実体に対し、住宅供給が追いつかない状況となっていった。同年の三月末、都営戸山住宅（戸山ハイツ）が三三戸の入居募集をおこなったところ、申込者の行列が一万人ほど続いた。見通しでは毎月五万人程度の増加がしばらく

首都建設法と首都圏整備法

続くと考えられたこのころ、都営住宅の建設戸数は年で五〇〇〇戸程度の見通しであった。このような状況のなかで戦災復興計画の考えていた構想ははやくも行き詰まりを見せていた。

そもそも戦災復興計画は、当初膨張した東京を整理するために、区部の計画人口三五〇万、自然増を含めても五〇〇万前後を想定し、商業・工業人口を「昭和五年程度」に抑えて、人口を理想的に抑制し、「住む」環境を整えるという視点に立っての東京改造を策定したものといわれる。しかし、すでに昭和二十二年段階で都全体の人口は五〇〇万人を突破し、はやくも計画の前提に狂いが生じていた。加えてドッジ・ラインによる財政支出の削減、都財政の窮迫などから当初の計画を効果的にすすめることが不可能な状況に陥っており、その間に有効な対策を講じることができず、現実の人口再集中と、無計画な住宅の膨張に歯止めをかけることができなかった。

昭和二十五年（一九五〇）六月四日、戦災復興計画にかわる都市計画案として「首都建設法」が住民投票に付せられ、二十八日に施行された。「首都建設法」は安井都知事が「来るべき都市問題が（東京を）機能マヒにおいこまないように」と述べるように、加速度的に過密化をすすめた東京に対する都市問題対策であった。この政策は昭和二十六年度から実施に移されたが、二十五年の朝鮮戦争にともなう特需景気により企業が東京に集中し、さらに三十年には東京の人口が戦前の最高値八〇〇万人を超えるなど、都市問題はいっそう深刻な状況に追い込まれていた。この「首都建設法」は、当初計画の四割程度の実行で終わり、三十一年には廃止となった。

かわって登場したのが三十一年六月の「首都圏整備法」であった。対象地域を東京都に限定せず、近県地域を含めた広域の都市計画であった。大ロンドン計画をモデルとして、東京を中心に同心円上の地域を、①既成市街地、②近郊地帯、③周辺地と三種の地域に指定し、それぞれ役割を持たせ相互補完的な首都圏を形成するという計画である。①の「既成市街地」は一五㌔圏内の区部を中心とした地域で、過密の緩和をはかるために一定規模以上の工場、大学などの新設や増設を原則禁止する地域である。また、土地の高度利用化や、道路などの都市施設の整備を重点的におこなう場所でもある。②の「近郊地帯」とは既成市街地の外側に約一〇㌔の幅を持つ緑地帯（グリーンベルト）を設け、既成市街地の膨張をストップさせる役割を果たす。農地を中心に病院や刑務所、墓地、飛行場などの用地として利用され、宅地化、市街地化には一定の制限が設けられることとなる。③の「周辺地」は、二五㌔以遠の既成市街地の衛星都市を計画的に開発し、産業、人口を吸収し、

「既成市街地」への流入を止める役割を果たすことを期待した地域である。首都圏整備法は一〇ヵ年計画として昭和三十二年度から四十一年度まで実施された。その途中で昭和三十九年（一九六四）の東京オリンピックの開催が決定され、既成市街地とされる都心部では、首都高速建設などの道路交通網の整備に代表される事業が重点的に実施されることとなった。

昭和三十二年三月の新聞には、ネズミが太りだし、入口の大きなねずみ取りが売れているという記事が「神武以来の太り方」と紹介されている。日本が高度経済成長期にさしかかった時代であった。またしても当初の予想を上回る過密が東京をおそった。そして企業のあり方も、情報をいちはやくキャッチすることが利益に直結する時代となったために、急速に東京に本社が集中するという現象が起こった。

昭和三十二年二月には「練馬野はお札の山、住宅ブームに酔う農家」という記事が新聞をにぎわしている。近郊地帯への市街地拡大の勢いはすさまじいものであった。下水道、道路網など都市基盤の整備は住宅建設に追いつかず、後追いとなる。しかし、市街地が形成されたあとでの道路、下水道、ガスなどの敷設は余計に工事の効率を悪くしていく。さらには近郊地域の市街化を制限することは現実的にも難しくなり、また地元の説得にも困難がともない、結果的に昭和四十年、「グリーンベルト構想」は破棄されることとなった。首都圏整備計画はグリーンベルトをくさびとして打ち込むことで、都市の無秩序な進展をコントロールすることが主目的であったはずである。ここにいたって計画は事実上市街地化の進展を制御できない状況になってしまった。止められない過密という問題と、そこに付随する社会資本の問題、密集するなかでの人間の生活の問題と、その後の東京は大きな課題を背負ってすすみ続ける時期を迎えるのである。

変化し続ける東京

高度経済成長とバブル景気

昭和四十年代、大田区多摩川河川敷で野球をする子供たちには、暗黙のルールがあった。「ホームランでも川に入ったらアウト」。このルールは町中の近所で遊ぶときも同様であった。路地で遊ぶサッカーであれ、ドッジボールであれ、競技によらず町内を流れる呑川《のみかわ》、六郷用水など、水辺にボールが入ってしまったら、すべてルールを超越してペナルティーが科されるのである。理由は「二度とボールが使えなくなるから」である。変色した「水のようなもの」が漂う「川」に一度入ってしまうと、ボールからにおいがとれない。ひどいときにはボールは目の前にあっても、川がヘドロによって底なし沼のような状態になっているために、取りに入ることすらできなかった。

また、ある地域では、小学校は五年生になるまでは道路で自転車に乗ることが禁じられていた。理由は単純明快、「危険だから」である。低学年の子供たちは狭い車の入れない私道を何往復もくるくると走るか、ビルの屋上をぐるぐると自転車で回ることだけが許されていた。道路整備の遅れはまだ子供に安全を提供することはできていなかった。学校の校庭は狭く、運動会は自分の学校ではできない所も少なくなかった。また、校庭には直径一・五メートルほどの大きな円形の三色のボードがかかっていた。光化学スモッグの発生を知らせるボードである。赤い円ボードが出たときは、休み時間も校庭で遊んではいけないし、校庭での体育も中止され、もちろん冷房などないが、暑くても教室の窓は閉められて授業がおこなわれた。

このような状況はオイル・ショック後の一九七〇年代後半まで続いていた。東京の子供はこのような環境の中で生活していた。時代は価値観のターニング・ポイントを迎えていた。「豊かさとは何か」を自問するなかで、生活の場としての東京を取り戻そうという意識が強く支持され、また政策としてこれらの実現へ向けての努力が始まりつつあった。

しかし一九八〇年代のバブル景気とよばれた一連の好景気のなかで、異常なまでの土地の高騰は止まらず、大規模開発による景観の変貌はとどまることを知らなかった。市街地は区切ることが無意味なほどに郊外へ拡がっていった。一方、大学や大企業は、都心部から離れて郊外に移転することが推進されていった。ベッドタウンも東京都としてのエリアを凌駕《りょうが》することとなり、千葉都民、埼玉都民などという言葉が聞かれるようになった。東京都内も、人口の増加が頭打ちとなった区部に比べ、開発のすすんだ市部が、交通網の整備とともに人口の急増がおきて、その先の神奈川県、埼玉県と東京都の接点としても、意味合いを大きくしていった。一方、千葉県との接点としての江戸川、葛飾などの地域も同様に海に向かって広がりを見せていった。一九八〇年代から九〇年代にかけて、これらの現象の象徴となったのが都庁の新宿移転と東京湾岸のウォーター・フロント開発であろう。東京ディズニーランドにしても、新東京国際空港にしても、「東京」という言葉が、「東京」という地域を越えた概念となっていった。

二十一世紀の東京

「東京」意識の変化

二十一世紀を迎えた現在、これら際限のない膨張を繰り返すと思われた状況に多少の変化が生じたように感じる。かつて「東京に住む」ということが、無機質なイメージとして語られていた高度成長以来の感覚が、住民としての意識を持って眺めてみようという意識に多少シフトしているような雰囲気を感じるのである。先ごろの「江戸・東京ブーム」のニュアンスには、そのような背景がすでに少しあったのではないだろうか。もしかしたら、日本の戦後の継続的な経済発展のなかで、実はいちばん時代に左右されたのが「東京」という地域かもしれない。確かに経済的には恵まれ、情報を得るスピードも他とは比較にならない便利さを手にしていた。しかし、価値観が転換しつつある現在、景観を大きく犠牲にし、健康な生活を求めるためには町を脱出しなければならない状況となり、水に親しむためには、大きな工事を必要とし、住民は都会にないものに価値を見出すようになっている。今、ようやく少し落ち着いてこの地域を見渡せるチャンスを私たちは得ている。であるからこそ、今は将来的展望を、ある意味での合意を形成して、冷静にプランニングすべき時期なのであろう。IT（情報技術）化がすすめば当然一極集中は緩和されるという定説だったが、現実には、大学や企業の「都心帰り現象」が「郊外移転」と並行・錯綜している。バブル期に考えられていた二十一世紀の東京のあるべき姿の予想を、少し捉え直す必要がありそうである。望むべき都市へ、もう一度チャレンジして第五の誕生を目指してみる価値はありそうである。

東京の過去から得るべきもの

現状の東京をめぐるさまざまな問題をひもとけば、戦後のみならず、明治以来のいろいろな都市計画がいかに将来を展望していたものかがわかる。しかし、大災害や戦災などのなかで都市改良を一気におこなうことは、結局住民生活との両立が不可能なまま、机上の空論で終わってしまう。また、さまざまな要因によってときには予想を上回る展開を生じ、計画自体が意味を持たなくなってしまうこともある。いずれにしても荒野に一つの町をつくるわけではない。生活者が

図19　都庁舎

図20　お台場とレインボーブリッジ

存在して、その町で生ずるさまざまな問題解決をになった治療を施すのである。都市計画をすすめる行政と、都市自身の「競争」であり「協奏」である。生活する人の幾多の人生を包括して、まさに都市は生きているのである。

ここまで本書では「東京都の誕生」という形で、この東京という地域のいくつかの画期を起点に、東京の生きてきた姿を見てきた。生活している人と行政との接点を描くことができればという思いを持ちつつ、画期として示してきたのが、安政地震であり、明治維新であり、関東大震災であり、戦災であり、経済成長であった。それぞれを起点として東京が新たな方向に歩き始めるが、これらは決して「都市の形が壊されたからつくり直す」というだけのことではない。建築物などの物質的な再建とともに、人々の生活自体の re-birth（再生・復興）なのである。そして、これらの変化は、基本的に人々の生活の変化や時代の要請がまず存在し、それを形に示す場として都市再建がおこなわれている点を忘れてはならない。時は過去を清算してすすんでいるわけではない。生まれ変わるといっても当然ながら、これまでと同じ人が生活し、地域ごとの生活があり、それらに規定されつつ新たな一歩を踏み出しているのである。都市とは永遠の輪廻《りんね》転生《てんしょう》をへながら数百年以上にわたり続いていく。そしてこの営みは、人間社会そのものを鏡のように映し出している。

現在の東京を見たとき、そこに残された課題を、未来へどのように生まれ変わらせてゆくべきかと自問し、常に意識しながら今を生きるのも私たちの努めであろう。

あとがき

本書は東京のあゆみを、江戸から東京都として歩み出すまでを中心にまとめた一種の概説書です。特に「行政」と「住人」との接点、地域的には江戸＝東京という単線的なイメージではなく、現東京都域やその周辺とのかかわりの中から生み出された姿を求めて流れを描くことを意識しました。そのために、「五・一五事件」「二・二六事件」など、本来この種の概説であれば当然示されているだろう出来事が割愛されていたり、これまでの概説書ではあまり取り上げられてこなかった事件について、詳しく取り上げていたりという点が感じられることと思います。これも一つの描き方であると、その取捨選択をおこなった本人は自覚しております。

また、幅広い分野や長期にわたる時代を取り扱っており、当然、先人の築いた膨大な研究成果が横たわっています。今回、読みやすさを優先させたため、それらのすべてを文中に記すことはできませんでしたが、巻末に参考文献として掲載させていただきました。

歴史とは、突き詰めれば、一人一人の生きた足跡の連続した集合体です。これらの流れを意識することによって、地域・社会の中で、その世代が果たすべき役割が正しく見出されるものと信じております。

最後に、授業の中で、本書を書く上でのヒントをたくさん与えてくれた森村学園の卒業生、生徒諸君、本書を記すことの役割を自覚させてくれた祖父母をはじめ家族、そしてそろそろ現れる我が子へ、感謝と次時代へのはし渡しとして本書を捧げたいと思います。

二〇〇一年十一月

藤野　敦

引用・参考文献

『都史紀要一　江戸から東京への展開』東京都、一九五三年。

『都史紀要五　区制沿革』東京都、一九五八年。

『都史紀要六　東京府の前身　市政裁判所始末』東京都、一九五九年。

『都史紀要一三　明治初年の武家地処理問題』東京都、一九六五年。

伊藤好一『江戸地廻り経済圏の展開』柏書房、一九六六年。

川崎房五郎『明治東京史話』桃源社、一九六八年。

渡辺隆喜「埼玉県成立期の救恤制度とその実体」上（『越谷市史研究報告』一九七一年）。

朝日新聞社編刊『朝日新聞一〇〇年の記事に見る3　東京百歳』一九七九年。

有泉貞夫『明治政治史の基礎課程』吉川弘文館、一九八〇年。

御厨　貴『明治国家形成と地方経営』東京大学出版会、一九八〇年。

森　安彦『幕藩国家の基礎構造―村落構造の展開と農民騒動―』吉川弘文館、一九八一年。

松尾正人「明治初年の政情と地方政策―『民・蔵分離問題』前後」（『土地制度史学』九一、一九八一年）。

山形　紘「葛飾県成立の考察」（『流山市史研究』一、一九八三年）。

松本四郎『日本近世都市論』東京大学出版会、一九八三年。

松尾正人「明治初年の関東支配―下野小山を中心として―」(『東海史学』一九、一九八四年)。

栗田良平「中島飛行機と武蔵野」(『多摩のあゆみ』三五、一九八四年)。

宮地正人「廃藩置県の政治過程」(坂戸潤治・宮地正人編『日本近代史における転換期の研究』山川出版社、一九八五年)。

玉井哲雄『江戸　失われた都市空間を読む』平凡社、一九八六年。

石塚裕道・成田龍一『東京都の百年』山川出版社、一九八六年。

松本四郎『東京の歴史　大江戸・大東京史跡見学』岩波書店、一九八八年。

海野福寿「殖産興業と豪農商」(『講座日本歴史』7 近代1、東京大学出版会、一九八九年)。

大石嘉一郎『自由民権と大隈・松方財政』東京大学出版会、一九八九年。

飯島　章「直轄県における年貢先納金の処理をめぐって―下総知県事・葛飾県管轄下の元旗本知行所村々の事例」(『埼玉地方史』二六、一九九〇年)。

小泉雅弘「東京府成立と官員について」(『駒沢大学　史学論集』二〇、一九九〇年)。

飯島　章「明治維新期直轄県の成立と展開」(『千葉史学』一六、一九九〇年)。

藤野　敦「品川県社倉騒動の背景と影響」(『多摩のあゆみ』五八、一九九〇年)。

越沢　明『東京都市計画物語』日本経済評論社、一九九一年。

小木新造編『江戸東京を読む』筑摩書房、一九九一年。

大友一雄「享保期武蔵野新田の社会的位置と民衆意識―その存在の主張―」(地方史研究協議会編『「開発」と地域民衆―その歴史像を求めて』雄山閣出版、一九九一年)。

一条三子「東京都学童集団疎開行政の史的考察」(『歴史評論』五〇七、一九九二年)。

佐藤孝太郎著、多摩百年史研究会編『東京都三多摩―都制運動参加の記―』一九九二年。

多摩百年史研究会『多摩百年のあゆみ』けやき出版、一九九三年。

小平中央図書館編『多摩はなぜ東京なのか』一九九三年。

『東京都政五〇年史　通史編』東京都、一九九四年。

『東京都政五〇年史　事業編』東京都、一九九四年。

北原糸子『都市と貧困の社会史―江戸から東京へ―』吉川弘文館、一九九五年。

佐藤誠朗『幕末維新期の民衆世界』岩波書店、一九九五年。

藤野　敦「明治初年、貫井村における玉川上水分水嘆願一件」(『武蔵国多摩郡貫井村鈴木秀夫家文書の研究』小平市、一九九五年)。

関島久雄「中島飛行機の大きな工場と小さな鉄道、そしてその後」(『多摩のあゆみ』七九、一九九五年)。

『資料　東京都の学童疎開』東京都、一九九六年。

竹内誠・古泉弘・池上裕子・加藤貴・藤野敦『東京都の歴史』山川出版社、一九九七年。

藤野　敦「明治初年東京隣接直轄県政と惣代農民の経済的展開」(竹内誠編『近世都市江戸の構造』三省堂、一九九七年)。

鈴木　靖「茨城県下における淀橋区学童集団疎開の展開」(『茨城県史研究』八一、一九九八年)。

鈴木博之『日本の近代一〇　都市へ』中央公論社、一九九九年。

大石学編『多摩と江戸』たましん地域文化財団、二〇〇〇年。
御厨　貴『日本の近代三　明治国家の完成』中央公論社、二〇〇一年。

その他各市町村の自治体史

著者紹介

一九六六年、東京都大田区に生まれる
一九九二年、東京学芸大学大学院教育学研究科社会科教育専攻修士課程修了
現在、森村学園中等部・高等部教諭、地方史研究協議会常任委員

主要著書

東京都政五〇年史 通史編(共著) 東京都の歴史(共著) 明治初年東京隣接直轄県政と惣代農民の経済的展開(竹内誠編『近世都市江戸の構造』)

歴史文化ライブラリー
135

東京都の誕生

二〇〇二年(平成十四)二月一日 第一刷発行

著 者 藤《ふじ》野《の》 敦《あつし》

発行者 林 英男

発行所 株式会社 吉川弘文館
東京都文京区本郷七丁目二番八号
郵便番号一一三—〇〇三三
電話〇三—三八一三—九一五一〈代表〉
振替口座〇〇一〇〇—五—二四四
印刷=平文社 製本=ナショナル製本
装幀=山崎 登

歴史文化ライブラリー

1996.10

刊行のことば

現今の日本および国際社会は、さまざまな面で大変動の時代を迎えておりますが、近づきつつある二十一世紀は人類史の到達点として、物質的な繁栄のみならず文化や自然・社会環境を謳歌できる平和な社会でなければなりません。しかしながら高度成長・技術革新にともなう急激な変貌は「自己本位な刹那主義」の風潮を生みだし、先人が築いてきた歴史や文化に学ぶ余裕もなく、いまだ明るい人類の将来が展望できていないようにも見えます。このような状況を踏まえ、よりよい二十一世紀社会を築くために、人類誕生から現在に至る「人類の遺産・教訓」としてのあらゆる分野の歴史と文化を「歴史文化ライブラリー」として刊行することといたしました。

小社は、安政四年(一八五七)の創業以来、一貫して歴史学を中心とした専門出版社として書籍を刊行しつづけてまいりました。その経験を生かし、学問成果にもとづいた本叢書を刊行し社会的要請に応えて行きたいと考えております。

現代は、マスメディアが発達した高度情報化社会といわれますが、私どもはあくまでも活字を主体とした出版こそ、ものの本質を考える基礎と信じ、本叢書をとおして社会に訴えてまいりたいと思います。これから生まれでる一冊一冊が、それぞれの読者を知的冒険の旅へと誘い、希望に満ちた人類の未来を構築する糧となれば幸いです。

吉川弘文館

〈オンデマンド版〉
東京都の誕生

歴史文化ライブラリー
135

2018年（平成30）10月1日　発行

著　者　藤《ふじ》野《の》　敦《あつし》
発行者　吉　川　道　郎
発行所　株式会社　吉川弘文館
〒113-0033　東京都文京区本郷7丁目2番8号
TEL　03-3813-9151〈代表〉
URL　http://www.yoshikawa-k.co.jp/

印刷・製本　大日本印刷株式会社
装　幀　清水良洋・宮崎萌美

藤野　敦（1966～）

ISBN978-4-642-75535-1